Herderbücherei

Band 433

D1875892

Über die Autorin

Christa Meves, geboren 1925. Studium der Germanistik, Geographie und Philosophie an den Universitäten Breslau und Kiel. Staatsexamen in Hamburg, dort zusätzlich Studium der Psychologie. Psychagogen-Ausbildung an den Psychotherapeutischen Instituten Hannover und Göttingen. Frei praktizierend in Uelzen, Arztfrau und Mutter zweier Töchter. Mitherausgeberin des „Rheinischen Merkur“. Vortrags- und Lehrtätigkeit in Rundfunk und Akademien sowie in zahlreichen Arbeitskreisen. Neben Veröffentlichungen in Fachzeitschriften folgende Bücher in anderen Verlagen:
Mut zum Erziehen (Gütersloher Verlagshaus, 9. Auflage); Die Schulnöte unserer Kinder (Gütersloher Verlagshaus, 6. Auflage); Erziehen lernen in tiefenpsychologischer Sicht (Bayerischer Schulbuchverlag, 6. Auflage); Verhaltensstörungen bei Kindern (Piper Verlag, 6. Auflage); Ermutigung zum Leben (Kreuz-Verlag, 6. Auflage); Erziehen und Erzählen (Kreuz-Verlag, 5. Auflage); Ich will leben (Verlag Weißes Kreuz, 5. Auflage); Ich habe ein Problem (Verlag Weißes Kreuz, 2. Auflage); Wer wirft den ersten Stein? (Verlag Weißes Kreuz); Chancen und Krisen der modernen Ehe (Verlag Weißes Kreuz); Wer paßt zu mir? (Verlag Weißes Kreuz, 3. Auflage); Antrieb – Charakter – Erziehung (Fromm Verlag, 2. Auflage); Anima – verletzte Mädchenseele (Verlag Weißes Kreuz); Typisch Mutter! (Verlag Herder); So ihr nicht werdet wie die Kinder (Kreuz-Verlag).

Fremdsprachige Ausgaben liegen vor von: Wunschtraum und Wirklichkeit (niederländisch bei Uitgeverij de Toorts, Haarlem); Die Bibel antwortet uns in Bildern (niederländisch bei Uitgeverij de Toorts, Haarlem – englisch bei Westminster Press, Philadelphia); Ehe-Alphabet (japanisch bei Rupert Enderle, Tokio – afrikaans bei Tafelberg, Kapstadt); Manipulierte Maßlosigkeit (niederländisch bei Nederlandse Boekhandel, Antwerpen – spanisch bei Herder, Barcelona).

Christa Meves

in der Herderbücherei

Christa Meves / Joachim Illies
Lieben – was ist das?
Ein Grenzgespräch zwischen Biologie und Psychologie
Band 362, 128 Seiten, 12. Aufl.

Manipulierte Maßlosigkeit
Psychische Gefahren im technisierten Leben
Band 401, 140 Seiten, 20. Aufl.

Die Bibel antwortet uns in Bildern
Tiefenpsychologische Textdeutungen
im Hinblick auf Lebensfragen heute
Band 461, 160 Seiten, 9. Aufl.

Ehe-Alphabet
Band 485, 128 Seiten, 14. Aufl.

Kinderschicksal in unserer Hand
Erfahrungen aus der psychagogischen Praxis
Band 501, 160 Seiten, 7. Aufl.

Freiheit will gelernt sein
Band 517, 144 Seiten, 7. Aufl.

Christa Meves/Joachim Illies
Mit der Aggression leben
Band 536, 128 Seiten, 4. Aufl.

Unser Leben muß anders werden
Band 571, 128 Seiten, 5. Aufl.

Lange Schatten – helles Licht
Band 590, 160 Seiten, 4. Aufl.

Antworten Sie gleich!
Band 635, 144 Seiten, 3. Aufl.

Christa Meves/Heinz-Dietrich Ortlieb
Macht Gleichheit glücklich?
Band 682, 160 Seiten

Seelische Gesundheit und biblisches Heil
Band 696, 128 Seiten

Joachim Illies

in der Herderbücherei

Christa Meves/Joachim Illies
Lieben – was ist das?
Ein Grenzgespräch zwischen Biologie und Psychologie
Band 362, 128 Seiten, 12. Aufl.

Für eine menschenwürdige Zukunft
Die gemeinsame Verantwortung von
Biologie und Theologie
Band 432, 128 Seiten, 5. Aufl.

Die Sache mit dem Apfel
Eine moderne Wissenschaft vom Sündenfall
Herausgegeben von Joachim Illies
Band 447, 176 Seiten, 4. Aufl.

Umwelt und Innenwelt
Bewußtseinswandel durch Wissenschaft
Band 487, 128 Seiten, 2. Aufl.

Zoologeleien
Band 502, 128 Seiten, 4. Aufl.

Biologie und Menschenbild
Band 526, 128 Seiten, 2. Aufl.

Christa Meves/Joachim Illies
Mit der Aggression leben
Band 536, 128 Seiten, 4. Aufl.

Der Mensch zwischen Furcht und Hoffnung
Wissenschaft als Heilserwartung
Band 554, 128 Seiten

Zu wahr, um schön zu sein
Federlese an der Wissenschaft
Mit Illustrationen von H. E. Köhler
Band 638, 128 Seiten

Die andere Seite der Biologie
Band 677, 128 Seiten

Christa Meves

Wunschtraum und Wirklichkeit

Lernen an Irrwegen und Illusionen

Herderbücherei

Originalausgabe
erstmals veröffentlicht als Herder-Taschenbuch
Umschlag-Grafik: Jutta Schmidt

1. Auflage August 1972
2. Auflage September 1972
3. Auflage April 1973
4. Auflage Januar 1974
5. Auflage April 1974
6. Auflage Oktober 1974
7. Auflage Juni 1975
8. Auflage August 1976
9. Auflage Oktober 1977
10. Auflage Mai 1979

Alle Rechte vorbehalten – Printed in Germany
© Verlag Herder Freiburg im Breisgau 1972
Herder Freiburg · Basel · Wien
Herstellung: Freiburger Graphische Betriebe 1979
ISBN 3-451-01933-7

Inhalt

Einführung

In satten, friedlichen Zeiten hat es der Mensch besonders schwer, sich ein angemessenes Verständnis für seine Wirklichkeit zu erhalten. Der Ausnahmezustand der „sieben fetten Jahre“ läßt ihn, wenn er gar länger dauert, leicht der Illusion verfallen, das sorgenlose Existieren für eine Selbstverständlichkeit, für eine Gegebenheit schlechthin zu halten. Ohne die permanente Erfahrung in Zeiten von Not und Leid, daß „mit unserer Macht nicht viel getan ist“, gerät der Mensch in die Gefahr, von einem unrealistisch überhöhten Blickfeld aus ein überhebliches Weltbild zu erträumen, das bei den unerfahrenen Jahrgängen zu gefährlicher, illusionärer Verstiegenheit werden kann. Zwar ist es unser gutes Recht, Wunschträume zu haben, sie auszuphantasieren und vielleicht sogar in künstlerische Gestaltungsformen umzusetzen; aber wir können nicht – wie Ikarus – danach trachten, jeden Traum unbedenklich zu realisieren, ohne in die Gefahr zu geraten, mit geschmolzenen Flügeln im Meer zu versinken. Wir müssen unsere Zukunftswunschträume an der Wirklichkeit messen und uns an ihr orientieren. Was aber ist das – die Wirklichkeit? Der Physiker Süßmann definiert Wirklichkeit folgendermaßen: „Wirklichkeit ist keine Substanz, also nichts Eigenständiges, sie ist eine Kategorie, ist die Wirklichkeit von etwas. Wir bezeichnen daher eine Sache dann als wirklich, wenn sie in sich Bestand hat und nach außen zu wirken vermag. Ein Bild, ein Wegweiser, eine Aussage treffen zu oder sind wahr, wenn sie mit der von ihnen vorgestellten Sache in der entscheidenden Hinsicht übereinstimmen.“

Zukunftswegweiser für den Menschen haben also nur dann Anrecht darauf, ernst genommen zu werden, wenn der vorgezeichnete Weg für menschliche Füße gangbar ist, über festen

Boden – nicht durch luftleere Räume, über Abgründe – führt und von einem Ziel kündet, das existiert. An diesem Bild läßt sich bereits ablesen: Ein Abschätzen von Wirklichkeiten und ein konstruktives Handeln in ihnen ist nur möglich, wenn nicht nur die Wirklichkeit der Außenwelt, sondern auch die der Struktur des Menschen selber erfaßt ist. Die Wirklichkeit des Menschen zu vollziehen heißt, sich an seine vorgegebenen Grundbedingungen zu halten, wobei auch jene mit enthalten sind, die dem geistigen Teil seines Seins zugehören und die infolgedessen nicht sinnlich wahrnehmbar in Erscheinung treten.

Ich habe in meiner Praxis die Erfahrung machen können, daß die Psychopathologie des Kindes geeignet ist, Aufschlüsse zu vermitteln über die Wirklichkeit der seelischen Grundbedingungen des Menschen, daß die Seelennöte der Kinder uns Kriterien liefern können über das, was wir wagen dürfen, welche Wunschträume wir haben dürfen und mit welchen Mitteln wir sie realiter ausführen können, ohne in Sackgassen zu geraten. In acht Aufsätzen möchte ich in dieser kleinen Schrift versuchen, auf jenem Weg ein wenig weiterzuhelfen. Der erste Abschnitt will – am Aufhänger des Struwwelpeters von Heinrich Hoffmann – auf typische menschliche Fehlentwicklungen hinweisen, auf Gefahren, wie sie in bestimmten Verhaltensstörungen bereits im Kindesalter warnend in Erscheinung treten. Heinrich Hoffmanns Buch zeigt, daß diese Schwierigkeiten keineswegs neu sind – sie treten in unserer Zeit nur sehr viel gehäufter auf. Bei aller Not, die sich daraus ergibt, haben wir aber auch die Chance, mehr Erfahrungen über sie zu sammeln, die Ursachen herauszufinden und sie damit bewußt und gezielt bekämpfen zu können. Auf dem langen Marsch in die Verwirklichung unserer optimalen Lebensmöglichkeiten können die abschreckenden Beispiele von Fehlentwicklungen ein entscheidend weiterführender Teilabschnitt sein.

Helfer auf diesem Weg sind die nächtlichen Träume. Sie haben im seelischen Bereich den Stellenwert von Röntgenbildern. Besonders die Angstträume der Kinder signalisieren Gefahren und können uns Aufschluß geben über die Entfaltungsbedingungen des Menschen. Lernbares dieser Art enthalten auch die typisch gleichen Erziehungsfehler, die Kinder chronisch kränklich werden lassen. Deshalb ist dieser Praxiserfahrung ein besonderer Abschnitt gewidmet.

In den folgenden vier Kapiteln setze ich mich mit Wunschträumen auseinander, die – zum Teil neu konzipiert – gefährliche Übertreibungen und Einseitigkeiten bedeuten und deshalb eines Rückfragens, eines Messens an den nun einmal begrenzten Möglichkeiten des Menschen bedürfen. Denn wir werden nicht durch böse Gesellschaftssysteme gebremst, uns das Paradies auf Erden mit eigener Kraft zu schaffen – dem stehen viele Schwierigkeiten unserer eigenen Natur, unserer biologisch bedingten Abhängigkeit entgegen. Zu echtem Fortschritt können wir nur kommen, wenn wir diese „Grenzen des Menschen" nicht nur kennen, sondern sie auch annehmen, achten, mit ihnen „rechnen", im wahrsten Sinne des Wortes.

Man kann keinen Rauschgiftsüchtigen dadurch heilen, daß man in die Tat umzusetzen versucht, was man darüber am Schreibtsich erträumt hat, sondern nur in der harten Wirklichkeit der Konfrontation mit solchen Kranken und der gründlichen Kenntnis von Vorgeschichte und Krankheitsentstehung. Man kann keine neuen Normen in Partnerschaftsbezügen postulieren, ohne aus den Erfahrungen von Gruppenehen oder Ehen auf Zeit Schlüsse zu ziehen, ja man kann sogar das Alter kaum als ein lebendig Werdender bestehen, wenn man an Gaukelträumen ewiger Jugend festhakt. Die existentielle Wirklichkeit des Menschen ist in biologische und kosmische Ordnungen eingebettet, und unser Handlungsspielraum darin ist nicht vergrößerbar, indem wir in kindlichem Trotz gegen sie anrennen und sie zu zerstören trachten, sondern allein dadurch, daß wir aus den analogen Gesetzlichkeiten dieser Ordnungen unser Maß zu finden suchen. Einem solchen Suchen soll vor allem der letzte Abschnitt des Buches dienen.

Uelzen, im Juni 1972 *Christa Meves*

Struwwelpeter – Kindernot damals und heute

Es gibt ein Kinderbuch, das vor fast einhundertdreißig Jahren geschrieben wurde, weltweite Verbreitung fand und noch heute in beinahe jeder Buchhandlung vorrätig ist: der Struwwelpeter von Dr. Heinrich Hoffmann. Wer von uns kann nicht wenigstens einige der eindringlichen Verse auswendig hersagen? Und in wie vielen Kinderzimmern gibt es auch heute noch so manches vom vielen Gebrauch zerfledderte Struwwelpeterbuch! Es ist trotz seiner unmodernen, ja gelegentlich peinlich geschmacklosen Illustration attraktiv für unsere Kinder. Woran liegt das? Bücher, die durch Jahrhunderte lebendig bleiben, die fortdauern durch Moden und Zeitströmungen hindurch, enthalten meist in ihrem Inhalt eine zeitlose Wahrheit und sind darüber hinaus in ihrer Form dem Verständnis der Menschengruppe, die sie ansprechen wollen, besonders angemessen. Beim Struwwelpeter ist dies der Fall.

Am erstaunlichsten ist für den praktisch arbeitenden Psychagogen die inhaltliche Auswahl der Geschichten, denn sie umfaßt einen Großteil von Verhaltensstörungen bei Kindern, wie sie auch heute noch häufig vorkommen und Erziehungsnöte der Eltern hervorrufen. Um zu verdeutlichen, wie aktuell der Struwwelpeter – wenn auch im altmodischen Gewand – noch immer ist, sollen die einzelnen Darstellungen der Reihe nach aus dieser Sicht betrachtet werden.

Neun Geschichten werden unter eine Titelfigur gestellt – eben den Struwwelpeter. In der Tat ist diese Gestalt geeignet, die meisten anderen zu umfassen, denn der Struwwelpeter ist ein Symbol trauriger permanenter Unordnung – eines Aus-den-Fugen-geraten-Seins.

Sieh einmal, hier steht er.
Pfui! Der Struwwelpeter!
An den Händen beiden
Ließ er sich nicht schneiden
Seine Nägel fast ein Jahr;
Kämmen ließ er nicht sein Haar.
Pfui! Ruft da ein jeder:
Garst'ger Struwwelpeter!

Die Unordnung wird hier also als Folge einer Verweigerung geschildert, die als grausige Wucherung sichtbar wird: in Verfilzung und entstellendem Wachstum der Haare, in Verlängerung der Fingernägel, die – gäbe es dergleichen in Wirklichkeit – den Gebrauch der Hände vollständig unmöglich machen und damit in eine bedauernswerte Passivität führen würde.

Ordnungsverweigerung und Passivität sind auch bei vielen Struwwelpetern unserer Tage noch die Hauptsymptome einer Verhaltensstörung, die in der Fachsprache als neurotische Verwahrlosung bezeichnet wird. Freilich sind die Fingernägel dieser Kinder meist nicht überlang, obgleich sie die Schere scheuen, sondern überkurz, weil sie abgeknabbert sind. Und die Passivität *entsteht* nicht auf diese Weise, sondern sie verhinderte bereits, daß Eigeninitiative entwickelt wurde, Eigeninitiative, die notwendig ist, um sich sauber und ordentlich zu halten. Kinder, die eine solche Verhaltensstörung zeigen, sind ähnlich traurig, wie es auf dem Gesichtsausdruck des Struwwelpeter zu lesen ist. Sie *wirken* nur renitent, werden es sekundär, weil ihnen am Lebensanfang die Lust und Freude zur Aktivität abhanden gekommen ist. Kinder, die heute so verwahrloste Haare und Hände haben und manchmal auch so dick sind wie der Struwwelpeter, sind meist in ihrer ersten Lebenszeit nicht so gepflegt worden, wie es die Natur dem Menschen nun einmal vorschreibt: an der Brust oder zumindest in der unmittelbaren Nähe einer einzigen, liebevollen, immer daseienden Pflegerin. Kinder, die vernachlässigt wurden, wachsen zu gierigen Kuckucksvögeln heran, die unentwegt Hunger haben – ohne zu wissen worauf. Verwöhnt man sie dann, füttert sie gar dick und macht sie dadurch zusätzlich passiv, so werden viele von ihnen spätestens im Jugendalter zu Ordnungsverweigerern, die sich jeder Tätigkeit widersetzen. Verwahrloste Ordnungsverweigerer sind seelisch schwer krank, sie haben eine Antriebsstörung.

Ob es zu Heinrich Hoffmanns Zeiten auch bereits Kinder mit einer solchen seelischen Störung gegeben hat? Sicher nicht viele, denn die meisten Mütter handelten damals noch so, wie die Natur es vorschreibt, und wenn sie es nicht taten, dann starben viele solcher unverwahrten Kinder. Dennoch gab es sicher hin und wieder so ein Kind, das als abschreckendes Beispiel dienen konnte. Heute sind Ordnungsverweigerungen, wie sie der Struwwelpeter symbolisiert, zu einem Krankheitszeichen von großer kollektiver Häufigkeit geworden, so daß Heinrich Hoffmanns Buch von dieser Warte her noch viel moderner ist, als es zu seiner Zeit sein konnte. Die heutigen Struwwelpeter demonstrieren zu Recht mit passivem Ungehorsam gegen einen ihnen selbst angetanen Ungehorsam gegen Ordnung. Allerdings ist es oberflächliche Ursachentheorie, zu meinen, diese Jugendlichen wehrten sich aus einer kraftvollen Einsicht heraus gegen eine einseitig kapitalistische, übertechnisierte, „repressive“ Leistungsgesellschaft. Das mag bei einigen Mitläufern so sein – im allgemeinen *können* diese Menschen aber gar nicht sauber sein, weil ihnen der Antrieb fehlt, weil die seelische Schwäche so groß ist, daß man gerade noch das Bett verläßt, nicht aber in der Lage ist, solche zivilisierenden Leistungen wie Rasieren, Haare- und Nagelpflege zu vollziehen. Daß es heute so viele „Struwwelpeter“ gibt, deutet auf eine bedenkliche pathologische Entwicklung unserer Gesellschaft hin; denn die Ursachen, die einen so großen und ständig zunehmenden Kreis von Jugendlichen zu seelisch verhungerten, lebensunlustigen Menschen machen, sind eben tragischerweise in einem fundamentalen allgemeinen „Ungehorsam“, einer allgemeinen „Harthörigkeit“ der Menschen, in einem Mangel an echtem Wirklichkeitssinn zu suchen. Man kann Kindheit nicht technisieren, wie wir es heute tun. Man kann Kindern nicht ihre natürlichen und seelischen Grundbedürfnisse vorenthalten und dann erwarten, daß sie zu aktiven, durchhaltefähigen, lebenstüchtigen und optimistischen Menschen werden. Daran ist gar nicht so sehr die einzelne Mutter, der einzelne Vater schuld, wie es heute simplifizierend behauptet wird, sondern ein kollektiver Lebensstil, gegen den sich zu wehren für den einzelnen sehr schwer ist.

Die Unnatürlichkeit, das Unangemessene, der unbekömmliche Denaturierungsprozeß beginnt für unsere Kinder bereits unmittelbar nach ihrer Geburt, indem man sie ihren Müttern wegnimmt und in hygienisch einwandfreie Kollektivversorgung, in Säuglingszimmer bringt; der Prozeß setzt sich in entscheidend fehlerhafter Weise fort, indem man den Müttern suggeriert, daß die Flasche ein guter Ersatz für die Brustnahrung sei, er wird durch all die falschen technischen Einrichtungen für Säuglinge und Kleinkinder – vom Flaschenhalter bis zum Laufstall – gefördert. Alle diese Dinge *ent*lasten zwar scheinbar die Mütter, *be*lasten aber die Kleinkinder mit einer ihnen schädlichen Einsamkeit und falscher Unterhaltung, die ihnen im Ansatz die Möglichkeit nimmt, seelisch gesunde und damit lebensfähige Menschen zu werden. Sie schütten ihre Aktivität durch eine zu leichte Handhabung, durch das Übermaß an Reizen zu und behindern eine entscheidende Voraussetzung des Menschen, in seinem Leben glücklich zu werden: nämlich sich mit Lust anstrengen zu können. Die Grundbedingung des Menschen dazu heißt: stetige *personale* Beziehung, der Einsatz immer derselben Person, die nicht nur alles abnimmt, die nicht verwöhnt, sondern zum „Knacken der Lebensnüsse" anregt und vorbereitet. Das Experiment, Kinder per Knopfdruck großzuziehen, macht sie zu seelenlos Gleichgültigen und nicht selten zu „Struwwelpetern" und dann – auf dem Weg über Betäubungsgifte und Revoluzzerideologien – neuerdings sogar zu bösen kriminellen Ungeheuern.

Wir brauchten „Struwwelpetereien" nicht weiter ernst zu nehmen, wenn sie nicht eben häufig eine Entfaltungsstörung signalisierten; wenn sie nicht verdeutlichten, daß der junge Mensch sich anschickt, seine Energie, „falsch programmiert", in sinnlosen, stereotypen Handlungen zu verschleißen, die sogar zur entlastenden Gewohnheit werden können. Zwar lassen solche Kinder meist spätestens im Alter von vierzehn Jahren das Nägelbeißen, statt dessen „beißen" sie in Form aggressiver Reden, in Form von wildwüchsiger Beschädigungssucht, in Form von Schulschwänzen oder gar Weglaufen. Aus der Untersuchung des Forscherehepaares Glueck wissen wir, daß bei 450 der 500 kriminellen Jugendlichen, die durch Verhaltensstörungen dieser Art gekennzeichnet waren, die Mutter nicht durchgängig die Betreuung übernommen gehabt hatte. Wörtlich heißt es: „Bei den Kriminellen sorgte ein viel kleinerer Prozentsatz der Mütter dafür, daß sie selbst ihre Jungen in der geeigneten Weise beaufsichtigten oder daß jemand anderes das für sie tat: weniger als eine unter 10 im Vergleich zu beinahe 7 unter 10 Müttern bei den Nichtkriminellen erfüllte diese Aufgabe. Unter den Kriminellen überließen viel mehr Mütter ihre Kinder sich selbst oder gaben sie in die Obhut von nicht verantwortlich zu machenden Kindern oder Erwachsenen ... So lebte bei den Kriminellen auch ein wesentlich geringerer Prozentsatz der Mütter in einer warmen Beziehung zu ihren Söhnen; es waren nur 7 von jeweils 10, im Vergleich zu 95% der Mütter der anderen Gruppe ... Bei den Kriminellen war ein weit höherer Prozentsatz der Mütter offenkundig gleichgültig oder feindselig eingestellt."

Wie abschreckend böse sich bereits Kinder verhalten können, das wird in der zweiten Geschichte, der *vom bösen Friederich,* geschildert:

> Der Friederich, der Friederich,
> Das war ein arger Wüterich!
> Er fing die Fliegen in dem Haus
> Und riß ihnen die Flügel aus.
> Er schlug die Stühl' und Vögel tot,
> Die Katzen litten große Not.
> Und höre nur, wie bös' er war:
> Er peitschte, ach, sein Gretchen gar!

Die Strafe tritt hier bei Heinrich Hoffmann nicht durch Diffamierung allein, wie beim Struwwelpeter ein, sondern er läßt sie konsequenterweise durch die Notwehr des geschlagenen Hundes folgen: Friederich wird ins Bein gebissen, muß im Bett liegen, bittere Medizin schlucken und wird vom guten Essen ausgeschlossen.

Aggressivität und Quälsucht sind auch heute bei Kindern noch sehr häufig. Wir wissen jetzt, daß sie – wenn es sich nicht um hirnorganisch Kranke handelt – meist eine verspätete Reaktion auf ein Quälen und Schlagen der Erziehenden sind. Wer seine Kinder häufig schlägt und quält, macht sie ähnlich bissig wie Friederich den friedlichen Hund. Diesen Teufelskreis gibt es heute noch genauso wie zu Hoffmanns Zeiten, und er hat auch immer noch dieselben unheilvollen und zur Eskalation führenden Folgen. Besonders gefährlich wirkt es sich aus, wenn man die erst seelisch vereinsamten, dann verwöhnten Kinder mit drastischen Gewaltmaßnahmen zum Arbeiten anzuheizen versucht. Solche Erziehungsmethoden führen nur sehr selten zu einem dauerhaften positiven Ergebnis. Wenn Vereinsamung, verwöhnte Unzufriedenheit und gestaute Aggressivität sich summieren, dann kommt es oft – wie beim Friederich – zu beziehungslosen, gewalttätigen Racheakten, die explosionsartig hervorbrechen und die Steuerungsmöglichkeiten dieser Kinder gänzlich überrennen: Die gestaute Aggression wird an unschuldigen Opfern abreagiert! Auf diese Weise kann das „Böse" über Generationen geradezu gezüchtet werden, zu Teufelskreisen und lawinenartiger Fortpflanzung gebracht werden.

Kürzlich hatte ich einen Jugendlichen in Untersuchungshaft zu begutachten, der einzelne Kinder über Wochen verfolgte, ihnen auflauerte und sie bedrohte. Dieser Sechzehnjährige hatte keine Schneidezähne und eine durch ein gebrochenes Nasenbein unförmige Boxernase. Ich fragte ihn nach der Ursache dieser Verletzungen, und er erzählte, daß sein Vater ihn als Kind mit Fausthieben ins Gesicht bestraft habe, wenn er seine Schularbeiten nicht gemacht hatte. Die Mutter bestätigte diese väterliche Brutalität.

Es ist eine primitive pädagogische Vorstellung, daß man Kinder, die Verhaltensstörungen und seelische „Krummheiten" zeigen, einfach wieder geradeprügeln könnte! Die Erfolge solcher Methoden sind meist nur scheinbar und höchst kurzfristig. Das „dicke Ende" zeigt sich nicht selten in einem Überborden der Aggressivität, wie sie als Grausamkeiten des bösen Friederichs schon von Heinrich Hoffmann beschrieben wurde.

Das Verlangen der Kinder, zu zündeln und mit Feuerzeug oder Streichhölzern zu spielen, wie Hoffmann es in der *Geschichte vom Paulinchen* einmalig eindrucksvoll darstellt, beschwört auch heute immer noch eine große Gefahr für allein gelassene Kinder herauf und führt immer wieder einmal zu einem Kindertod, zu brennenden Wohnungen, Scheunen und Wäldern. In der psychagogischen Praxis kommt es gar nicht so selten vor, daß Eltern Rat suchen, weil ihre Kinder einen uneindämmbaren Drang ausgebildet haben, etwas anzuzünden. Bei Jungen ist das sehr viel häufiger der Fall als bei Mädchen, und so ist die Paulinchengeschichte nicht ganz so typisch, wie sie es wäre, wenn Hoffmann anstelle der Mädchenfigur einen Jungen hätte agieren lassen. Das Feuermachen der Kinder trägt immer noch etwas von der mythischen Geschichte des Prometheus in sich, der den Göttern das Feuer raubte, um es für seine Zwecke eigenmächtig zu verwenden. Auflehnung gegen die Eltern, ein aggressives Renegatentum mit dem positiven Aspekt, sein „eigenes Licht leuchten zu lassen“, sind im Zündeldrang oft ebenso verdeckt enthalten wie unbewußte sexuelle Wünsche. Am häufigsten begegnet uns das Zündeln bei Jungen im Alter von vier bis sieben Jahren, also in der sog. ödipalen Phase, in der unbewußt am gegengeschlechtlichen Elternteil eine erste Vorprägung auf gegengeschlechtliche Partnerschaft hin erfolgt. Sie ist mit viel vermehrter Zärtlichkeit des kleinen Jungen für die Mutter, der kleinen Tochter für den Vater verbunden. Einer überstarken Bindung aber wird mit einer merkwürdigen Angst vor der Aggression des gleichgeschlechtlichen Elternteils entgegengewirkt, obgleich diese Angst realiter vollständig unbegründet sein kann. Von diesen innerseelischen Konflikten scheint Heinrich Hoffmann eine Ahnung gehabt zu haben. Denn meisterlich kunstreich und archetypisch sind es hier zwei kleine Katzen, die das Paulinchen warnen, mit dem Feuer zu spielen. Die Katzen, sowohl Symbol für Zärtlichkeit wie für Aggression, verkörpern in ihrer Zweiheit hier Weiblichkeit. Sie stellen die Gewissensinstanz des Mädchens dar, die von der ödipalen Phase und ihrer Konfliktsituation her bei einem Mädchen noch weiblich-mütterliche Züge trägt. Über die realitätsbezogene Warnung hinaus macht diese Geschichte eine umfassendere Lebenswirklichkeit des Menschen schlechthin deutlich: daß eigenmächtige Triebhaftigkeit zu totaler Zerstörung führen kann, wenn die Gewissensinstanz nicht beachtet und ihre Stimme überhört wird.

Und Minz und Maunz, die Katzen,
Erheben ihre Tatzen.
Sie drohen mit den Pfoten:
Die Mutter hat's verboten!

Miau, Mio! Miau, Mio!
Wirf's weg! Sonst brennst du lichterloh!

Wir neigen in der Nachfolge Freuds dazu, das autoritäre Elternverbot als eine unzulässige Machtanmaßung abzuwerten und das internalisierte Über-Ich allein als eine unzulässige Fesselung an herrschsüchtige Normen der Eltern anzusehen. Gewiß gibt es solche den Menschen schädigende Perversionen seiner freien Entscheidungsmöglichkeit. Im Struwwelpeter wird uns aber ein Aspekt von umfassenderer Dimension aufgezeigt: daß elterliches Verbot so lange eine stellvertretende Aufgabe hat, solange es dem Kind noch an Einsicht und Erfahrung mangelt; daß das Verbot schutzgebend steuert, ja vom Kind geradezu automatisch in diese Aufgabe eingesetzt wird, bevor das Gewissen als eigenständige Steuerung bewußt in Funktion treten kann. Eltern sind für ihre Kinder die handgreiflichen Verkörperungen bewahrender, ordnender und steuernder Geistesmächte. Im Zündeln geht das Kind unbewußt und dranghaft dem Trieb zur Auflehnung, zum Aufbruch aus dem Land der Urordnung nach. Denn ohne den gäbe es keine Verwandlung. Zwischen Auflehnung und Gehorsam das Leben in Bewegung zu halten und zu steigern ist die tragisch-gefährliche Wirklichkeit des Menschen – wie die Paulinchen-Geschichte zeigt.

Die zwei folgenden Darstellungen im Struwwelpeter, *die Geschichte von den schwarzen Buben* und *die Geschichte vom wilden Jäger,* sind die einzigen, die aus dem Rahmen herausfallen. Sie haben eine Thematik, die sich nicht auf die Beschreibung von Verhaltensstörungen bezieht.

In der Geschichte von den schwarzen Buben wird eine sehr allgemeine Reaktionsweise von Kindern angeprangert, die der Mensch mit vielen Tieren gemeinsam hat und die vermutlich einer alten biologischen Wurzel entspringt: unsere Neigung, Fremdes, Fremdaussehendes ab- und auszustoßen und zu diffamieren: Drei weißhäutige Knaben begegnen einem Negerjungen und lachen ihn wegen seiner Hautfarbe aus, bis der „große Nikolas“ erscheint, sie in ein überdimensionales Tintenfaß steckt und auf diese Weise mit „Schwärzung“ bestraft. Als Mobbing können wir dieses Verhalten zum Beispiel bei

Vögeln erleben, die in großen Scharen einen fremdaussehenden Artgenossen mit lärmendem Gezeter verfolgen.

Der große Nikolas verkörpert hier eine göttliche, geistige, strafende Macht, die die Primitivreaktion der Intoleranz verdammt und die Gerechtigkeit durch eine ausgleichende Schwärzung der drei weißen Kinder wiederherstellt. Menschlichkeit, Brüderlichkeit wird hier gegen das Ausleben tierischer Relikte der Ausstoßung gefordert.

Du siehst sie hier, wie schwarz sie sind,
Viel schwärzer als das Mohrenkind!
Der Mohr voraus im Sonnenschein,
Die Tintenbuben hinterdrein;
Und hätten sie nicht so gelacht,
Hätt' Niklas sie nicht schwarz gemacht.

Im Hinblick auf den Rassenkampf mag diese Geschichte heute als eine Warnung für die Weißen deutbar sein. Wird die Diffamierung der Schwarzen dazu führen, daß die weiße Rasse in Zukunft ausgelöscht und „eingefärbt" unter der Fahne der schwarzen Rasse marschieren wird?

Die Geschichte vom wilden Jäger übt auf Kinder vor allem deshalb oft eine große lustvolle Wirkung aus, weil sich hier das Schwache, Kleine, Wehrlose – der Hase – durch seine Wachsamkeit und Schlauheit gegen die Gewalt der Übermacht zur Wehr setzt und siegt. Hier können sich Kinder mit dem Hasen, der dem schlafenden Jäger Brille und Gewehr stiehlt, ihn dann verfolgt und auf ihn schießt, identifizieren und in der grotesken Schlußzene eine mächtige aggressive Lust empfinden. Vermutlich kommt der Geschichte aber im Grunde eine viel tiefere Bedeutung zu. Sie enthält eine Verhöhnung der Technik, der künstlichen Übermacht des Menschen über die Natur, die im Hasen verkörpert wird. Er sitzt im sicheren Versteck und streckt dem Jäger die Zunge heraus.

Jetzt schien die Sonne gar zu sehr,
Da ward ihm sein Gewehr zu schwer,
Er legte sich ins grüne Gras,
Das alles sah der kleine Has'.

Und als der Jäger schnarcht' und schlief,
Der Has' ganz heimlich zu ihm lief
Und nahm die Flint' und auch die Brill'
Und schlich davon ganz leis' und still.

In der Tat wird dem Homo technicus heute „sein Gewehr zu schwer". Alle seine Erfindungen, mit denen er die Natur besiegte, machen ihn im Sonnenglanz seines hohen Bewußtseins ebenso überladen-müde wie träge. Es mutet wie eine Vision an, was Hoffmann hier konzipiert: daß die Natur zurückkommt und sich rächt, sich der Technik bemächtigt, wie sich der Hase des Gewehrs und der Brille des Jägers bemächtigt, so daß daraus eine Gefahr für den Menschen wird. Gefahren dieser Art stehen heute schon drohend genug im Hintergrund unseres Lebens, vor allem in Gestalt von übermächtigen Waffen, von Hoffmann in dem viel zu großen Schießgewehr dargestellt. Wie groß die Gefahr ist, daß der Mensch die Herrschaft über seine Waffen verliert, macht uns die Atombombe quälend deutlich. Können wir die Geschichte so weit ausdeuten, daß der Mensch für seine feindselige Einstellung zur Natur bestraft wird, daß die Natur sich rächt – und den Mann so sehr in die Angst treibt, daß er einen Sprung in den Brunnen des Unbewußten, die kopflosmachende Verdrängung, tut? Jedenfalls heißt es bei Hoffmann:

Da kommt der wilde Jägersmann
Zuletzt beim tiefen Brunnen an.
Er springt hinein. Die Not ist groß;
Es schießt der Has' die Flinte los.

Wie groß muß unsere Not heute wohl noch werden, ehe wir begreifen lernen, daß die Natur uns mit unseren eigenen Waffen schlägt?

Viele Kinder antworten auf *die Geschichte vom Daumenlutscher* im Gegensatz zu den anderen Struwwelpeter-Geschichten mit stummem Entsetzen. Manche schauen heimlich erst einmal unter dem Tisch nach, ob die eigenen Daumen noch vorhanden sind und seufzen nach der Prüfung erleichtert auf. Diese Geschichte legt eine Identifikation sehr viel näher, weil das Daumenlutschen eine unter Kindern sehr verbreitete Erscheinung ist. Sie ängstigt daher die meisten, zumal das überfallartige Hereinstürzen des Schneiders mit der überdimensionalen Schere in ihnen oft Erinnerungen weckt an schmerzhafte Erlebnisse beim Arzt oder Zahnarzt, von denen sie sich besonders dann als überfallen erlebten, wenn die Eltern aus Hilflosigkeit keine seelische Vorbereitung auf das schmerzliche Ereignis vorgenommen hatten. So trifft die Daumenlutscher-Geschichte bei vielen Kindern auf eine als ähnlich empfundene Lebenserfahrung, die bereits eine seelische Verletzung hervorrief. Durch diese Geschichte wird die Erinnerung an den „Überfall" neu belebt und verstärkt. Sie gibt Anlaß zu der Befürchtung, daß sie sich in der Zukunft bewahrheiten könnte. An der Daumenlutscher-Geschichte können die Ängste der Kinder eine unerwünschte Übersteigerung erfahren, die die Entwicklung in eine Richtung skrupelhafter Ängstlichkeit, unfreier Übergewissenhaftigkeit und Vorsicht treiben kann.

Warum lutschen Kinder überhaupt am Daumen? Das Daumenlutschen ist der elementarste Trost, den es in der Menschheit gibt, Trost gegen Schmerz, Einsamkeit, Verlassenheit und Hunger. Die meisten Menschen entdecken diese Möglichkeit zur Selbstbeschwichtigung schon wenige Tage oder Wochen nach ihrer Geburt. Freud hat daraus den Schluß gezogen, daß der Mensch an seinem Lebensanfang ein „autoerotisches" Wesen sei und das Wonnesaugen ihm eine seinem Entwicklungsstadium entsprechende Organlust vermittle. Wir wissen heute, daß diese Deutung insofern nicht ganz zutreffend ist, als Säuglinge, die man *nicht* stundenlang schreien läßt, sondern ihnen statt dessen „nach Bedarf" die Mutterbrust reicht, keineswegs unentwegt am Daumen lutschen. Sie haben ja das, wonach ihr Herz verlangt: die Mutter – und die Süße ihrer Nahrungsquelle. Solche Säuglinge brauchen keinen Ersatz, denn sie haben „das Richtige"! Kinder lutschen hingegen um so mehr am Daumen, je mehr sie Trost brauchen. Das Daumenlutschen ist zunächst ein Surrogat für die – von den Kindern als traurig erlebte – Tatsache, nicht an der Brust, nicht bei der Mutter sein zu dürfen. Daumenlutschen ist der elementare Trost des Menschen gegen den Urschmerz, die Urunlust: allein, hungrig, verlassen zu sein. Als Beschwichtigungsmöglichkeit wird es daher im Grunde auch für viele weitere Schmerzen auf dem späteren

Lebensweg meist nicht gänzlich aufgegeben: Permanente Daumenlutscher werden häufig zu permanenten Zigarettenrauchern und Konsumierern von Kaugummi. Bei Kindern wird es später auch als Trost für viele andere Schwierigkeiten benutzt: nach einer Strafe durch die Eltern, gegen die Langeweile, bei Müdigkeit oder als Abschirmung angesichts der zur Selbständigkeit auffordernden Welt. Mit Hilfe des Daumenlutschens kann man zurückfliehen in die Illusion, ein geborgener Säugling an der Mutterbrust zu sein. Aus diesem Grunde lutschen häufig gerade Kinder von sehr bemühten Müttern noch im Grundschulalter am Daumen. Sie dokumentieren auf diese Weise den Widerstand gegen den Entwicklungsanspruch, erwachsene Menschen werden zu sollen, weil ihr Kinderparadies gar zu schön, gar zu weich, gar zu vollkommen ist. Die Hauptursache des Daumenlutschens, das dem Kind unerträglich erscheinende Alleinsein, wird in Hoffmanns Geschichte einmalig und großartig dargestellt – sowohl in der Szenerie der Leere, in die Konrad gesetzt ist, als auch in den Eingangsworten:

„Konrad!“ sprach die Frau Mama,
„Ich geh' aus, und du bleibst da!“

Kürzlich fragte mich eine junge Lehrerin um Rat: Ihr achtzehn Monate altes Kind lutsche unentwegt am Daumen, es habe schon eine dicke Schwiele davon. Ich fragte die Mutter nach ihren und des Kindes Lebensgewohnheiten. Sie berichtete: „Morgens um 7.15 Uhr gehe ich aus dem Haus zu meinem Unterricht. Vorher versorge ich unser Kläuschen und auch meinen Mann, der noch früher zu seiner Arbeit gehen muß. Ich setze das Kind in den Laufstall, womit es sehr zufrieden ist. Eine Nachbarin schaut hin und wieder hinüber. Zweimal wöchentlich kommt auch eine Putzfrau. Mittags um 13.00 Uhr bin ich dann wieder zu Hause.“ Als ich erklärte, daß Klaus dann ja auch dringend des Trostes bedürftig sei, meinte die junge Frau: „Aber das verstehe ich nicht – er winkt doch immer so süß, wenn ich gehe.“ So viel Uneinsichtigkeit gegen die Grundbedürfnisse eines Kleinkindes werden dieser Mutter gewiß noch sehr viel mehr und schwerere Sorgen eintragen als das Daumenlutschen ihres kleinen Sohnes!

Wenn das Daumenlutschen auch grundsätzlich eine Ersatzbefriedigung gegen den Urschmerz der Verlassenheit darstellt, so läßt es doch nicht den Schluß zu, daß *jedes* Kind, das gelegentlich am Daumen lutscht, eine nachlässige Mutter hat. Erst wenn Kinder im Schulalter immer noch ständig – anstatt zu spielen oder zu arbeiten – am Daumen lutschen, muß man an eine Schädigung dieser Art denken. Wir kommen alle nicht darum herum, als Menschen auf dieser Erde mit dem Schmerz der Verlassenheit konfrontiert zu werden. Gegen ihn Trost zu finden ist nicht nur ein bedenkliches Symptom – sondern auch hilfreiche Gnade!

Von ebenso furchtbarer Eindringlichkeit wie die Geschichte vom Daumenlutscher ist für Kinder die vom *Suppenkaspar,* der sich durch die Weigerung, seine Suppe zu essen, in fünf Tagen zu Tode hungert. Eine Schreckensvision, weil die Eßunlust eine außerordentlich häufig vorkommende Schwierigkeit in der Kinderstube darstellt, die Mütter – je nach Temperament und Gefühlslage – mit Panik, Wut, Angst oder Gelassenheit beantworten. Freilich hat die Drohung, das Kind werde verhungern, mit der Hoffmann hier arbeitet, wohl noch niemals eine echte Appetit- und Eßstörung beseitigen können – eine Erfahrung, die den pädagogischen Wert auch dieser Geschichte sehr in Frage stellt; davon abgesehen aber, beschreibt sie den Verlauf einer der schwersten psychischen Erkrankungen, der Anorexia nervosa, in unnachahmlicher Prägnanz. Wir müssen lediglich korrigieren, daß es sehr selten Jungen, sondern meistens Mädchen sind, die an einer solchen fundamentalen Eßstörung erkranken, aber im übrigen wird der Charakter dieser Störung großartig aufgezeigt: In der Tat bekommen die Erkrankung am häufigsten Kinder, die robust und gesund, oft sogar besonders gute Esser und Futterverwerter sind. Auch setzt die Störung durch die nicht brechbare Weigerung zu essen von einem Tag zum anderen ein. Besonders bei der sog. postpubertären Magersucht der Mädchen, die heute häufiger denn je vorkommt, ist das regelmäßig die Situation am Krankheitsbeginn. Auch diese Kinder sind „kerngesund und kugelrund“, wie es in der Geschichte vom Suppen-Kaspar heißt, und auch sie legen eine penetrante Hartnäckigkeit, ein aggressives Geschrei, einen empörten Protest an den Tag, wenn „die Suppe hereingebracht wird“. Eindringlich bringt Hoffmann die Wut des Kindes sowohl in der stereotypen, füßestampfenden Haltung des gezeichneten Suppen-Kaspars als auch in dem dreimal wiederholten Refrain zum Ausdruck:

„Ich esse keine Suppe! Nein!
Ich esse meine Suppe nicht!
Nein, meine Suppe ess' ich nicht!"

Die Pubertätsmagersucht führt zwar kaum einmal in fünf Tagen zum Tode, aber immerhin doch noch in 27% der erfaßten klinischen Fälle in den nächsten fünf bis zehn Jahren nach Krankheitsbeginn. Sie bewirkt zunächst eine chronische Verstopfung und das Ausbleiben der Menstruation, hat eine Eintrocknung und Verunstaltung der Haut und Stoffwechselanomalien aller Art zur Folge. Daß die Eßverweigerung nicht so rasch wie in der Suppen-Kaspar-Geschichte zum Tode führt, liegt daran, daß der Hungertrieb den Entschluß des Kranken, nicht zu essen, doch immer einmal wieder überflutet. Diese Situation tritt meist am späten Abend und nachts ein, so daß dann mit Heißhunger oft ein ganzer Kühlschrank wahllos leergefuttert wird – ein Eßverhalten, das der Magen selten verträgt, so daß Übelkeit und Erbrechen und im Teufelskreis Appetitlosigkeit die – im Grunde vom Kranken gewünschte – Folge sind.

Welche Hintergründe hat diese unheimliche Krankheit? Die Begründung der Mädchen, daß sie Angst davor hätten, dick zu werden, weil sie schon von einer kleinen Nahrungsmenge zunähmen wie ein Pfannkuchen – daß also Eitelkeit, das Bedürfnis, schön zu sein, in diese Verhaltensstörung treibe, steht in einem Widerspruch zu der Tatsache, daß die Hungerkrankheit sie von Tag zu Tag häßlicher, abstoßender und unattraktiver werden läßt.

Es scheint aber so zu sein, daß sich bei den Kranken eine Verknüpfung bildet zwischen *jeder* Gewichtszunahme, *jeder* Essensaufnahme mit der Angst, an die Unförmigkeit ausgeliefert zu sein, so daß sich auf diese Weise sekundär eine Handlungsunfreiheit in bezug auf die Nahrungsaufnahme und damit eben die Mager-*Sucht* einschleicht. Gelegentlich wird dieser Mechanismus aufgehalten, wenn trotz des fortgesetzten Hungerns eine Gewichtszunahme einsetzt, indem Wasser durch die Gefäße tritt, so daß es zu Hungerödemen im Bauch und in den

Beinen kommt. Diese Ödeme können die neue Bewußtseinsverknüpfung bilden: Hungern macht dick, so daß im allgemeinen im Stadium der Hungerödeme die Kranken in der Lage sind, besser zu essen.

Freilich ist damit, daß man den Mechanismus der Eßangst erfaßt, keineswegs schon der Hintergrund ausgeleuchtet. Keineswegs kann *jeder* Mensch eine Magersucht entwickeln! Dazu gehört als Veranlagung eine große Vitalstärke, das harte Holz einer Willenskraft, die durchsetzt, was sie sich vorgenommen hat, und eine unzureichende Ich-Entwicklung, eine Ich-Schwäche, die von dem Wert der eigenen Existenz nicht genug überzeugt ist, die ihr So-Sein, einschließlich der robusten Struktur, nicht bejaht, sondern ablehnt. In dem Augenblick, in dem diese Ablehnung bewußt wird, kann der Entschluß, sich zu ändern, von einem Tag auf den anderen einsetzen. Aber der Mensch kann sich nicht gegen sein ihm auferlegtes So-Sein auflehnen! Tut er das, so gleicht das einem Ringkampf mit Göttern – ein Kampf, der mit Niederlage und Tod enden kann.

Eine solche Ich-Schwäche kann durch verschiedene Bedingungen vorbereitet werden: Magersüchtige Mädchen haben zum Beispiel häufig ätherisch-zarte Schwestern, die erfolgreicher zu sein oder von den Eltern mehr geliebt zu werden scheinen. Sie können häßlich sein oder sich einbilden, als abstoßend empfunden zu werden, kurzum, sie fühlen sich als Aschenputtel. Magersüchtige Mädchen wollen sich mit Hilfe einer Eigenvergewaltigung sozusagen „veredeln". Diese Krankheit gibt es daher praktisch nie ohne den Hintergrund einer Familie, in der Werthierarchien gelebt werden. Sie kommt kaum einmal vor, ohne daß eine Mutter vorhanden ist, die selbst wertbewußt lebt und infolgedessen auch sorgsam auf die gute Versorgung ihrer Kinder bedacht ist. Magersüchtige Mädchen haben meist Mütter, die sich viel um die Erziehung ihrer Kinder und um ihren schulischen Werdegang kümmern. Die Kranken haben das Gefühl, den Ansprüchen ihrer Mutter nicht zu genügen, nicht von ihr geliebt werden zu können, obgleich sie durch rasantes Leistungsstreben – Magersüchtige sind immer glänzende Schüler – hoffen, den ersten Platz in ihrem Herzen erringen zu können. Ein wesentliches Motiv zur Magersucht ist daher auch die unbewußte Auflehnung gegen diese Mutter mit dem wütendheimlichen Ziel, ihr dann wenigstens *mager* zu gefallen oder durch fortgesetztes Leiden ihre Liebe zu erzwingen – und wenn das nicht gelingt, *sie* wenigstens unentwegt leiden zu machen! In jeder Magersucht lebt groteskerweise ein Stück Erpressung zur Liebe durch Ablehnung von Liebe – eine schauerliche Tragödie, die im Mißerfolg enden muß, wenn keine Hilfe gefunden wird.

Die Tiefenpsychologen haben nun freilich darüber hinaus immer wieder dem Umstand nachgespürt, warum die Magersucht eine Angelegenheit allein des weiblichen Geschlechts in einem bestimmten Entwicklungsstadium ist: Sie nimmt in den meisten Fällen ihren abrupten Anfang zwei Jahre nach der Menarche. Eine Heilung gibt es nicht selten ebenso spontan, wenn es einem Mann gelingt, die stachelige Dornenhecke eines solchen Dornröschens zu durchhauen und ihr Herz zu gewinnen. Dieses Erfahrungen führten zu der Vermutung, daß eine Mann-Ablehnung vorhanden sein müsse, daß von der Kranken der Versuch unternommen wird, durch Abhungern der geschlechtsspezifischen Rundungen unattraktiv und damit auch ungefährdet durch männliche Zudringlichkeit zu sein. In den Behandlungsverläufen und Träumen der Mädchen bestätigt sich diese – oft tief im Unbewußten liegende – Mannangst, die meist durch seelische Verletzungen in der Kindheit hervorgerufen worden ist. Mannangst dieser Art können mißhandelnde Väter, blindwütige Säufer, Exhibitionisten, Pädophile und andere Sittlichkeitsverbrecher hervorrufen. Sie prägen den Kindern gewissermaßen eine unüberwindliche Sexualangst ein, die mit dem Einsetzen des puberalen Triebschubs zunehmend mehr einen innerseelischen Konflikt zwischen Anziehung und Grauen in bezug auf das männliche Geschlecht bewirkt, der bei vitalkräftigen Mädchen den Entschluß zum Hungern heraufbeschwören kann.

Eltern, die erleben, daß ihre sechzehnjährige Tochter wochenlang und zunehmend intensiver mit „Geschrei" antwortet, wenn „die Suppe hereinkommt", daß Essen also generell verweigert wird, sollten das Mädchen so rasch wie möglich mit Hilfe eines energischen Arztes in eine psychotherapeutische Spezialklinik (wie es eine zum Beispiel in Ulm unter der Leitung von Prof. Thomä gibt) einweisen lassen. Für Eltern solcher Kinder kann der Struwwelpeter eine harte, aber zum Handeln zwingende Warnung sein: Zu Hause, „mit der Zeit", heilt diese

Erkrankung nicht aus – eher richtet sie durch das Martyrium, das durch Erpressung der Kranken einsetzt, nicht nur sie selbst, sondern auch deren Bezugspersonen zugrunde. Ein Beispiel soll diesen Sachverhalt verdeutlichen:

34 kg wog die zweiundzwanzigjährige Brigitte, als ihre Mutter starb. Brigittes Mutter war auf dem Heimweg von ihrer Arbeitsstelle blindlings in ein Auto gelaufen und tödlich überfahren worden. Freunde dieser Frau wußten aus ihren Bekenntnissen, daß es ihr von Tag zu Tag schwerer fiel, heimzugehen, denn dort saß Brigitte, ihre einzige Tochter, die ihr Studium abgebrochen hatte und nach Hause zurückgekehrt war. Sie hockte dort wie ein böser Dämon. Zwar bereitete sie der Mutter sorgsam das Essen, aber darüber hinaus kam sie kaum einmal aus dem Morgenrock heraus und saß untätig, den ganzen Tag rauchend im Hause herum. Etwas zu essen lehnte sie mit lautem Schimpfen und mit Stunden dauernden aggressiven Anwürfen gegen die Mutter ab. Erst nachts, wenn alles zu schlafen schien, begann die Kühlschranktür zu klappen, und Brigitte futterte in großen Mengen, am liebsten stark gepfefferte, gesalzene oder in Essig eingelegte Nahrungsmittel, oft unter gleichzeitigem Konsum von so viel Kognak, daß sich gegen Morgen die Geräusche von der Küche ins Bad verlagerten, wo das Genossene auf falschem Wege wieder hinausbefördert wurde. Brigitte bot einen bejammernswerten Anblick. Nicht nur ihre abstoßende Dürrheit bewirkte das, sondern auch ihr verquollenes Gesicht mit rotgeränderten Augen, die graue, schuppige Haut und die zottigen Haare, die eher den Eindruck eines uralten, verwelkten Weibes als den eines jungen Mädchens machten.

Dabei war Brigitte ein hochbegabtes Mädchen gewesen, die große Hoffnung seiner Mutter. Diese Mutter hatte ein hartes Schicksal gehabt. Sie war in ihrer östlichen Heimat bereits eine anerkannte Weberin gewesen, als sie – mit dem Säugling auf dem Arm – sich 1945 dem großen Treck in den Westen anschloß. Sie kam in einem Bauernhof in der Heide unter. Dort tat Brigitte die ersten Schritte, dort war das Flüchtlingskind aus der Kammer zwar der Spielgefährte, aber doch auch der unterprivilegierte Eindringling der einheimischen „reichen" Bauernkinder. Brigittes Vater fand, aus der Gefangenschaft entlassen, den Weg zu Frau und Kind nur äußerlich, nur scheinbar zurück. Bald kam es in der Ein-Kammer-Wohnung zu immer heftigeren Streitigkeiten zwischen den Eltern, zu Schlägen des massiven Mannes, zu immer mehr Tränen der Mutter. Brigittes Eltern trennten sich, als sie sieben Jahre alt war. Der Vater verließ die Mutter, ohne sie und das Kind auch späterhin in irgendeiner Weise zu unterstützen. Er heiratete in der Ferne eine reiche Frau – Brigitte besuchte ihn später einige Male –, wodurch die Kluft zwischen ihr und diesem „bösen, unzuverlässigen" Mann eher vergrößert als verkleinert wurde. Brigittes Mutter begrub zu diesem Zeitpunkt ihre Hoffnung, wieder ein Atelier zu haben. Sie ging als Schreibkraft in ein Büro, um den Lebensunterhalt für sich und ihr Kind zu verdienen – aber sie verzweifelte nicht, weil Brigitte die Begabung der Mutter geerbt hatte, und so hoffte sie, daß ihre eigenen unverwirklichten Lebenspläne in der Tochter Gestalt annehmen würden. Aber als Brigitte sechzehn Jahre alt war, setzte von einem Tag zum anderen die „Suppenkasperei" ein und führte in ein sechsjähriges Elend, das mit dem Tode der Mutter endete. Brigitte mußte einige Monate danach in einem Zustand totaler Unterernährung und Erschöpfung in eine Klinik eingewiesen werden.

Nun gibt es aber auch Eßstörungen bei Kleinkindern, die keineswegs diesen dramatischen Hintergrund haben. Sie kommen heute deshalb so häufig vor, weil zwischen den Mahlzeiten ungehemmt Süßigkeiten gegessen oder Säfte und Sprudelwässer getrunken werden dürfen. Ein solches Verwöhnen schadet oft, und zwar nicht nur in bezug auf den Appetit zu den Hauptmahlzeiten; es bewirkt darüber hinaus auch eine übersteigerte Gewichtszunahme. Kinder können durch ein Übergewicht lahm und träge werden, nicht selten sehen sie sich dem Spott und den Hänseleien ihrer Kameraden ausgesetzt. Schließlich weigern sie sich, am Sport, am Schwimmen teilzunehmen, woraufhin wiederum Bewegungsunlust und Gewichtszunahme die Folge sind. Mütter, die Eßschwierigkeiten mit ihren Kindern haben, sollten die Zusammensetzung der Nahrung drastisch ändern; Gemüse, Obst und ungezuckerte Getreidekeime sollten den Hauptanteil ausmachen. Süßes Gebäck und zuviel Fabrikzucker beeinträchtigen den Appetit der Kinder auf die Nahrungsmittel, die notwendig sind, um sie gesund und leistungsfähig zu erhalten.

Sekundär kann das schlechte Essen der Kinder zu hartnäckigen Verhaltensstörungen führen, dann nämlich, wenn die Mütter, anstatt nachzudenken, ihren Willen gegen den Willen der Kinder setzen. Alle drastischen Zwänge zum Essen, mit dem Stock, mit Schelte, mit Versprechungen, mit „Nasezuhalten" und Einlöffeln, womöglich gar von Erbrochenem, können allenfalls Scheinerfolge zeitigen. Selbst wenn man auf diese Weise erreicht, daß das Kind jeden Teller, was auch immer darauf ist, brav leerlöffelt, so ist damit kein Beweis für die Richtigkeit dieser Dressur erbracht. Der Preis, der für ein solches „Brechen des Willens" bezahlt werden muß, ist oft sehr hoch. Auf diese Weise wird der Mensch zum schon erwähnten „bösen Friederich" oder auch zum „Hans-guck-in-die-Luft", von dem noch zu sprechen sein wird.

Kein Mensch würde auf die Idee kommen, ein Tier zum Essen zu zwingen – seine eigene Brut behandelt er aus Angst und falscher Sorge oft schlechter als ein Tier! Das „Brechen des Willens" ist eine menschenunwürdige Erziehungsmethode – und sie führt infolgedessen zu menschenunwürdigem, oft dämonisch-aggressivem oder „gebrochen-weltfremdem", duckmäuserischem Verhalten im Erwachsenenalter. Für ein Kleinkind ist es zwar richtig und nötig, daß es seine Mahlzeiten regelmäßig und immer zu gleichen Zeiten bekommt; man sollte das Angebot aber stets klein halten, also nur wenig auf den Teller legen, solange das Kind sich das Essen noch nicht selbst nehmen kann; einen „Nachschlag" sollte man nur geben, wenn es darum bittet. Wenn Kinder ihren Teller nicht leeressen, sollte die Konsequenz lediglich sein, ihnen bis zur nächsten Mahlzeit nichts mehr anzubieten, was den Nachtisch selbstverständlich einschließt. Wenn das Kind die Frage: „Magst du nicht mehr?" verneint, sollte man ihm ohne Gezeter die Erlaubnis geben, spielen zu gehen, bevor der nächste Gang serviert wird. Eßverweigerung muß die ungerührte Folge haben, daß man mit der nächsten Mahlzeit zu warten hat, um wieder Hunger zu bekommen. Planlose Verwöhnung, übertriebene Fülle schaden dem Kind. Mütter müssen heute wieder nein sagen lernen, wenn sie keinen Suppen-Kaspar unter dem eigenen Dach haben wollen.

Nicht gar so bitterernst, doch auch recht melodramatisch ist die *Geschichte vom Zappel-Philipp.* Er kippt, weil er trotz des

Verbotes des Vaters während des Essens am Familientisch immer weiter mit seinem Stuhl wippt, mit diesem Stuhl nach hinten um und reißt dabei das Tischtuch samt dem aufgedeckten Essen zu Boden. Herrlich lakonisch kommentiert Hoffmann:

„Nun ist Philipp ganz versteckt,
und der Tisch ist abgedeckt."

Das Stillsitzen bei Tisch ist eine pädagogische Forderung, die an unsere Kinder keineswegs mehr mit der gleichen Strenge gestellt wird wie zu Hoffmanns Zeiten; dennoch gibt es auch heute noch Zappel-Philipps in großer Zahl, ja sie nehmen so sehr zu, daß selbst der Schulunterricht der schon älteren Kinder durch sie Störungen erfährt. Die Bewegungsunruhe der Kinder ist eine verbreitete Verhaltensstörung. Kaum einmal läßt sie sich durch Ermahnungen bekämpfen, wie Philipps Vater es bereits vor hundert Jahren ohne Erfolg versuchte. Denn damals wie heute „hört der Philipp nicht, was zu ihm der Vater spricht". Selten hat diese Unfähigkeit, still zu sitzen, allein ihre Ursache in einem größeren angeborenen Bewegungsbedürfnis solcher Kinder. Chronische Bewegungsunruhe hat vielmehr ihren Grund in einer inneren, nervösen Friedlosigkeit. Sie kann mehrere Ursachen haben. Sehr oft beobachten wir sie bei Kindern, die während ihrer ersten Lebensjahre nicht ausreichend zum Entfalten des natürlichen Bewegungsdranges kamen, weil der Garten, der Spielplatz oder die Spielstraße in der Nähe fehlten, weil sie bei lärmempfindlichen Großeltern aufwuchsen oder die Eltern sie stundenlang vor dem Fernsehgerät hocken ließen. Es können aber auch Kinder darunter sein, die ein Leiden lange Zeit nötigte, als Kleinkinder zu liegen – mit Hüftgelenksverrenkungen, Bein-, Fuß- oder Wirbelsäulenleiden. In all diesen Fällen hat sich das Bewegungsbedürfnis chronisch gestaut und muß nun wie ein vulkanischer Geysir den immer noch unter Druck stehenden Bewegungsdrang abreagieren. Oft bringen Kinder die nervöse Unruhe aus ihrem ersten Lebensjahr mit. Was kann ihnen bereits so früh eine Bewegungsunruhe eingetragen haben?

Die häufig sehr ähnlichen Verhaltensstörungen von Tieren können uns in dieser Frage Aufschluß geben. Im Zoo zu Basel zum Beispiel sah ich einen kleinen Gibbon mit einem sackähnlichen Tuch durch den Käfig ziehen, das er ängstlich hütete und selten aus den Pfoten ließ. Wenn sich ihm einer seiner Käfigmitbewohner näherte oder wenn ihm sonst irgend etwas nicht geheuer schien, begann er in rhythmischen Abständen seinen Kopf auf dieses Tuch zu schlagen, oft zehn-, zwanzig-, ja dreißigmal hintereinander. Als ihm ein Wärter das Tuch fortnahm, geriet das Tier in eine panikartige Unruhe und begann dann, in eine Ecke des Käfigs gedrückt, mit dem Rücken gegen die Wand zu schlagen und sich rhythmisch nach beiden Seiten zu wiegen. Eine solche sogenannte Jactatio hatte ich in meiner Praxis wenige Tage vorher bei einem 1 $^{1}/_{2}$jährigen Kind gesehen, das bisher in einem Heim gelebt hatte und psychologisch untersucht werden sollte, weil das Jugendamt hoffte, es in einer Pflegestelle unterbringen zu können. Dieses Kind konnte nicht laufen. Seine Fingerchen waren fest in ein Moltontuch verkrallt, und die Pflegerin berichtete, daß die kleine Gesine stundenlang schreie, wenn man es ihr wegnähme, und dann in ihrem Bett so sehr mit dem Kopf in rhythmischen Abständen gegen die Wand stieße, daß sie das ganze Heim damit störe. Auch im Untersuchungszimmer schlug das Kind, auf dem Boden sitzend, unablässig mit dem Kopf auf das Tuch, das vor ihm lag. Solche Verhaltensstörungen, so wissen wir mittlerweile, bilden Kinder aus, wenn lebensnotwendige Bedürfnisse unbefriedigt bleiben und das Kind ängstigen, so daß nach einer Beschwichtigung der Beunruhigung gesucht und in der rhythmischen Bewegung in der Tat eine Zeitlang teilweise auch gefunden wird. Bei Kleinkindern bildet ein weiches Tuch oder ein Felltier den Ersatz für die Mutter, wenn diese allzu oft und zu lange abwesend ist, während die rhythmische Stereotypie, die das Kind in einer bestimmten Stellung festbannt, immer bereits in der Säuglingszeit sich einschleift, in einer Lebensphase also, in der die motorischen Möglichkeiten noch nicht voll entfaltet waren. Nachdem wir solche Stereotypien in hohen Prozentzahlen bei Kindern festgestellt hatten, die bereits als Säuglinge in Heimen waren, zeigt sich aber heute, daß das Phänomen auch zunehmend häufiger bei Familienkindern in Erscheinung tritt, und zwar besonders dann, wenn das Kind aus Prinzip oder aus Zeitnot der Mutter wenig von dieser betreut und statt dessen – oft stundenlang schreiend – allein in seinem Bett liegengelassen wird. Diese Pflegeart wird in den letzten Jahrzehnten in zunehmendem Maße von immer mehr jungen Müttern praktiziert, wobei die Möglichkeit, das Kind nicht an der Brust, sondern künstlich zu ernähren, zu weiteren Möglichkeiten der Mutter-Kind-Trennung geführt hat; und im gleichen Maße bekamen wir in der Praxis immer häufiger Kinder mit angstbeschwichtigenden Verhaltensstörungen wie die Jactatio capitis zu sehen. Aber vielleicht – so fragen wir Praktiker uns – handelt es sich hier doch nur um eine unberechtigte Vermutung, um die Hypothese einer Kausalität, die in Wirklichkeit gar nicht vorhanden ist? Wenn man darum bemüht ist, solche Probleme abzuklären, drängt sich angesichts eines einzelnen schaukelnden Gibbon in einem Affenkäfig die Frage auf: Was hatte denn dieser kleine Gibbon für ein Schicksal, warum benahm *er* sich anders als seine Käfiggenossen? Die Gefangenschaftssituation allein, die er ja schließlich mit seinen Genossen teilte, hatte ihn doch offensichtlich nicht in diese Verhaltensstereotypie getrieben. Diese Frage konnte nur mit Hilfe seiner Betreuer gelöst werden. Diese berichteten nun in der Tat eine interessante Übereinstimmung zu dem Schicksal der kleinen Gesine: Im Gegensatz zu seinen Käfiggenossen, die als adulte Tiere gekäfigt worden waren, war dieses Tier als Affenbaby in Gefangenschaft geraten, von seiner Mutter getrennt und isoliert aufgezogen worden. Bereits in dieser ersten Zeit band sich das Tier an das sackähnliche Tuch in seinem Käfig und begann zu schaukeln. Die Betreuer berichteten, daß es sehr viel später als die anderen Tiere zu klettern begonnen habe und es auch heute noch seltener tue. Seit es mit anderen Gibbons zusammenlebe, habe sich gezeigt, daß es ein kontaktscheuer Einzelgänger sei, der in Situationen, die ihn ängstigten, weiter seine Selbstbeschwichtigungsrituale durchführe. Die Pflegeberichte von Heimkindern sehen in gleichförmiger Monotonie ähnlich aus: Auch sie haben erhebliche motorische und geistige Entwicklungsrückstände, meist weit bis in die Schulzeit hinein; auch sie werden von der Gruppe abgelehnt oder ziehen sich selbst von ihr zurück, auch sie brauchen weiter Ersatzbeschwichtigungen gegen das im Grunde der Seele ängstigend hausende Gefühl von Ungeborgenheit und Heimatlosigkeit – wenn ihnen nicht rechtzeitig geholfen wird. Bei Gesine gelang diese Heilung; sie wurde im Alter von einem Jahr und acht Monaten von einer mütterlichen und geistig beweglichen jungen

Frau adoptiert, die wegen eines Unterleibsleidens selbst keine Kinder austragen konnte. Gesine machte in diesem Alter gerade die ersten Laufschritte. Drei Monate nach der Übernahme stellte mir die Mutter das jetzt wesentlich veränderte Kind vor: Gesine hatte in dieser Zeit die Jactatio völlig aufgegeben. Die Mutter berichtete: „Ich beschäftigte mich am Tage immer wieder in Abständen allein mit ihr. Wir spielten zusammen Ball oder warfen Bautürme um, oder wir machten einfach Fingerspiele und spielten Verstecken. Immer wenn Gesine am Tage angefangen hat zu schaukeln, habe ich mich mit ihr beschäftigt. Als sie mich schon gut kannte, habe ich sie eine Weile nachts in mein Bett genommen. Da hat das Schaukeln auch dort aufgehört."

Ähnliches berichtete eine Adoptivmutter, die ihr Adoptivkind Katja im Alter von drei Jahren aus dem Heim holte, in dem es bisher gelebt hatte. Sie schreibt: „Sobald man sich von ihr abwandte, fing sie an zu schaukeln, und dieses auf eine sehr heftige Art. Dabei nahm ihr Gesicht einen völlig abwesenden, leeren Ausdruck an, daß es zum Erbarmen war. So beschäftigten wir uns so viel wie möglich mit ihr. Das Schaukeln hatte bis zur Weihnachtszeit (im März war das Kind in die Familie übergesiedelt) fast aufgehört. Zu Anfang war es fast ein Dauerzustand bei Katja, es setzte ein, sobald man aufhörte, mit ihr zu sprechen. Nun ist Katja schon 1 $^1/_2$ Jahre bei uns, und aus dem ängstlichen, oft weinenden Schaukelkind ist ein fröhliches, liebes Mädel geworden. Am Anfang ihrer Zeit hat sie sich kaum für die Umwelt interessiert, heute ist sie sehr wissensbegierig." Jactationen sind also ein Zeichen dafür, daß solche Kinder schon früh in große Existenznot geraten sind und entdeckt haben, daß sich ihre Not durch Hin- und Herschaukeln beschwichtigen läßt.

Es ist durchaus möglich, daß Hoffmann so eine Bewegungsstereotypie im Auge gehabt hat, als er den Zappel-Philipp konzipierte; denn treffend schreibt er:

Er gaukelt
und schaukelt,
er trappelt
und zappelt
auf dem Stuhle hin und her.

Die Bewegungsunruhe ist also in jedem Fall ein Zeichen dafür, daß lebenswichtige Bedürfnisse des Kindes unzureichend gestillt worden sind, so daß eine innere Gespanntheit vorhanden ist, die durch das Sichbewegen eine Teilentlastung erfährt. Es sollte uns hellhörig machen, daß es heute so viele Zappel-Philipps unter den Schulkindern gibt, denn wer innerlich ängstlich oder aggressiv gespannt ist, hat auch wenig Möglichkeit, sich zu konzentrieren. Zappel-Philipps sind daher meist schlechte Schüler, und die vielen Ermahnungen, Strafen oder Schläge mindern die Störung nicht. Und so ist der unter dem Tischtuch verschwundene Philipp außerordentlich symbolträchtig: Die innere Unruhe kann das Kind ganz „zudecken", so daß es, ohne jeden Erfolg in der Schule, zum ordnungsfeindlichen Störer wird, der nicht nur das Essen, sondern auch den Frieden der Familie mit sich in die Tiefe reißen kann.

Die Kinder des Jahres 1844 wurden sicher häufig durch unkindgemäße Überforderungen zum Stillsitzen zu Zappel-Philipps. Ihnen wäre nicht durch Ermahnungen, sondern durch mehr Bewegungsfreiheit zu helfen gewesen. Auch bei manchen Kindern heute wird man durch Schaffung von mehr Kinderspielplätzen und Kindergärten eine Störung dieser Art verhindern oder beseitigen können. Häufig aber liegt, wie bei den Jaktationen, mehr im argen. Viele unserer Kinder sind in einer fundamentalen Weise ungeborgen und aus diesem Grunde existentiell bedroht, weil sie keine Mütter hatten, die sich Zeit und Ruhe nahmen, in der ersten Lebenszeit bei ihnen zu bleiben.

Die Geschichte vom Hans-guck-in-die-Luft ist die mildeste Erzählung im „Struwwelpeter". Sie beschwört keine drastischen Folgen herauf, sie hat eher einen versöhnlichen Ausgang. Der Hans der Geschichte ist ein Träumer, der seine Augen nicht auf der Straße hat, dabei zuerst einen Hund übersieht und über ihn hinwegfällt und schließlich in einen Fluß stürzt. Aus dieser gefährlichen Lage wird er von zwei Männern gerettet, und die Folge der Träumerei besteht lediglich darin, daß er pudelnaß ist und friert, daß die Fische ihn auslachen und daß seine Mappe ihm davonschwimmt.

Hoffmann hat hier eine Verhaltensstörung herausgegriffen, die es auch heute noch bei Kindern gibt, wenn auch sicher nicht mehr so häufig wie damals. Vor allem sensible Kinder können sich, wenn sie sehr gegängelt werden, wenn sie auf Schritt und Tritt auf Verbote stoßen, in eine Traum- und Phantasiewelt zurückziehen. Sie werden realitätsfremd, geraten unbewußt in einen passiven Widerstand gegen eine Welt, die für sie nur aus Einengungen und einem Übermaß an Pflichten besteht. Meisterlich hat Heinrich Hoffmann diese Verträumtheit als ein In-die-Luft-Gucken dargestellt:

> Nach den Dächern, Wolken, Schwalben
> Schaut er aufwärts allenthalben.

Das Aufwärtsschauen symbolisiert großartig, daß diese Kinder in einer eigenen, anderen Welt, in der Welt der Phantasie, in der Welt des Geistes leben, die „oben" ist. Seit es Kinderpsychotherapie gibt, wissen wir, daß die Inhalte dieser Phantasien aus lebensnotwendigen Handlungen bestehen, die in der Realität nicht verwirklicht werden konnten. Diese Phantasiewelt ist oft voller Aggressionen, voller Kämpfe zwischen Helden und Dämonen, aber auch häufig voller unbewußter sexueller Inhalte, wenn nämlich die Fragen und Bedürfnisse des Kindes aus Prüderie unbeantwortet und unbefriedigt blieben. Unbeachtete Kinder träumen sich in die Rolle von Stars, Prinzessinnen oder Künstlern hinein, einsame Kinder denken sich Phantasiegefährten aus.

Aber es gibt natürlich auch heute noch jenen Hans-guck-in-die-Luft, der nicht durch Verdrängung gewissermaßen künstlich zum Träumer gemacht wird, sondern der angeborenerweise introvertiert ist, dem der Zugang zur Welt des Geistes offengeblieben ist und dem eine individuelle, bergende Erziehung die Innenwelt nicht zugunsten einer platten Realitätsbewußtheit abdressiert und zugeschüttet hat. Aus solchen Träumern werden oft große Künstler; schon in der Kindheit ist die Phantasie in ihnen so mächtig, daß sie die Realität überflutet. Das führt manchmal zu Lebensschwierigkeiten. Das Offensein für solche „Brunnen der Tiefe" birgt die Gefahr in sich, daß man hineinstürzt, das heißt, daß der Träumer eine Überflutung seines Unbewußten erleidet. Und das bedeutet immer gleichzeitig einen Verlust der Standfestigkeit im Profanen und der Möglichkeit, im harten Kampf ums Dasein hier in der Realität Erfolg zu haben. Dafür ist der Abschlußvers der Geschichte vom Hans-guck-in-die-Luft ein großartiges Symbol: „Und die Mappe schwimmt schon weit." Die Schultasche, dieser Gegenstand, an dem meßbar ist, ob ein Kind versucht, sich um Erfolg hier in unserer Welt zu bemühen, entgleitet dem Hans, so wie den Träumern die Beziehung zur Schule oft immer mehr entschwindet. Mit den Mißerfolgen dort und dem unlustvollen Erleben, das mit ihnen verbunden ist, verstärkt sich das Bedürfnis, in die Traumwelt zu entfliehen. Im Extrem geht solchen Kindern der Kontakt zur Umwelt und zu den Kameraden gänzlich verloren, sie vereinsamen mehr und mehr, häufig fühlen sie sich von ihrer Umwelt wegen ihres törichten Benehmens verhöhnt, eine Gegebenheit, die in der Geschichte symbolhaft im Lachen der Fische ausgedrückt wird. Nicht umsonst werden solche „Tölpel" in den Märchen als die heimlichen Prinzen geschildert, denen im Gegensatz zu den cleveren Alltagsbrüdern das Finden des großen Schatzes, der wunderbaren Prinzessin oder das Durchstehen der überdimensionalen Proben letztlich gelingt – während die anderen versagen. Von diesem „Gold unter dem Mantel des Träumers" sagt Hoffmann nichts. Seine Mahnung ist allein auf die Gefahr des Realitätsverlustes gerichtet. Als Folge von Verdrängungen ist dieses Ausweichen, dieses Entfliehen aus der Wirklichkeit auch in der Tat keine wünschenswerte Entwicklung. Dennoch sollten sich die Erwachsenen heute wieder bewußtmachen, daß eine Erziehung, die lediglich zur Bewältigung der Realität auffordert, die kostbarsten Möglichkeiten verschütten kann – nämlich die schöpferische Gestaltungskraft des Menschen. Eine allein nach außen gerichtete Haltung kann ihre Entfaltung ebenso behindern wie eine nur nach innen gerichtete Einstellung. Seine volle Lebenswirklichkeit erreicht der Mensch nur durch eine Ausbildung beider Dimensionen, der horizontalen und der vertikalen.

Die „Kreativität" des Menschen zu entfalten ist ein im Bereich der Pädagogik heute sehr betontes Postulat. Selten aber wird auf eine wesentliche Voraussetzung der schöpferischen Leistungsfähigkeit hingewiesen: auf die Notwendigkeit, die intuitiven Fähigkeiten des Menschen, seine Gabe, nach innen zu schauen, zu entfalten. Sie läßt sich nicht einfach durch Malen, Bauen, Singen und Verseklatschen innerhalb von Kollektiven wecken. Das Üben von handwerklichen Fertigkeiten ist nur *ein* Aspekt der Möglichkeit, ein schöpferischer Mensch zu werden.

Primäre Voraussetzung, das zeigen uns die Testuntersuchungen und Vorgeschichten in der Praxis immer wieder, ist die Anregung zur Besinnlichkeit, das Miteinander-Horchen von Mutter und Kind in der ersten Lebenszeit, später das Schaffen von Stunden angeregter, hellhöriger Stille des Jugendlichen allein. Wir machen die traurige Erfahrung, daß diese Fähigkeiten, die zum Beispiel im Rorschach-Test meßbar sind, bei den Jugendlichen heute von Jahrgang zu Jahrgang abnehmen.

Von einer gänzlich unrealistischen Phantasie läßt sich Heinrich Hoffmann in der letzten Geschichte davontragen: der ungehorsame Robert, der bei Unwetter nach draußen geht, wird auf einer Sturmbö von der Erde fortgewirbelt. Die drei sehr kleingehaltenen Bilder sind von dicken, unschönen Rahmen umgeben. Wie merkwürdig, denkt man, was sollen diese Rahmen? Nun, wir Fachleute kennen dieses Phänomen aus den Kinderzeichnungen und den projektiven Tests: Die Inhalte, die als Gemälde, Skulpturen oder Fotografien dargestellt werden, sollen von den Probanden „in die Ferne" gerückt werden, weil ein im Grunde sehr unter die Haut gehender, ein emotional sehr erregender Inhalt, eine ungelöste Problematik des Probanden dargestellt ist. Es ist zwar sicher, daß Hoffmann mit dieser schaurigen Darstellung, vom Sturm auf Nimmerwiedersehen davongetragen zu werden, die Absicht hat, Kinder davon abzuhalten, im Gewittersturm nach draußen zu gehen; aber es darf aufgrund der merkwürdigen Darstellungsform vermutet werden, daß hier eine Problematik anklingt, die weit über pädagogisches Zweckdenken hinausgeht: Der schöpferische Mensch ist immer ein Nein-Sager, ein „ungehorsamer Robert", der die beschützende Konvention verläßt und sich der Ungeschütztheit eines eigenwilligen, oft stürmischen Weges aussetzt. Auch der schöpferische Renegat ist immer in Gefahr, ein überheblicher Phantast zu werden, der die Beziehung zur Realität verliert. Interessanterweise stellt Hoffmann in dieser Bildserie keineswegs ein Wohnhaus als die Behausung dar, die Robert verlassen hat, sondern die Stätte *religiöser* Geborgenheit, die Kirche. Die Gefahr, die er hier, vermutlich unbewußt, beschreiben will, ist also nicht nur ein gewöhnlicher Sturm, es werden vielmehr die Eigenmächtigkeit des Menschen, sein geistiger Hochmut, seine – im wahrsten Sinne des Wortes –

Überheblichkeit heraufbeschworen; vor ihr warnt diese Geschichte.

Warnungen solcher Art haben wir heute gewiß ebenso nötig, wenn nicht noch nötiger als die Menschen von 1844. Segelt der alte Adam doch heute wie nie zuvor auf der Bö modischer Ideologien, die ihm Eigen-Machbarkeit auf der ganzen Linie vorgaukeln. Auch unser „Robert" heute saust durch die Luft an einem aufgespannten roten Regenschirm und hat es nicht mehr in der Hand, wohin er von ihm getrieben wird. Auch für unsere Zeit ist der in ungefährliche Ferne rückende Bilderrahmen nötig, damit wir nicht von Angst überflutet werden angesichts eines Ungehorsams, der unsere Freiheit verspielt.

Wir sehen: der „Struwwelpeter" ist, sosehr seine Geschichten für Kleinkinder ansprechend sind, so wenig eigentlich ein Kinderbuch. Jedenfalls sollten wir uns nicht einbilden, daß es mit Hilfe von Abschreckungen möglich ist, Verhaltensstörungen bei Kindern, wie sie hier zum großen Teil dargestellt sind, heilen zu können. Es mag wohl vorkommen, daß ein Kind als Folge der täglich vorgelesenen Konrad-Geschichte das Daumenlutschen aufgibt; damit ist aber lediglich ein Symptom beseitigt, ist dem Kind eine ihm notwendige Beschwichtigungsmöglichkeit genommen – oft aber zu seinem Schaden, zumal dann, wenn es kein neues Trostpflästerchen findet und statt dessen in den Situationen, in denen es eines braucht, in Angst, Trauer oder schließlich gar in Gleichgültigkeit und Stumpfheit versinkt. Man kann keinen Sadisten durch Hundebisse heilen – auch durch phantasierte nicht –, man kann allenfalls den Antipoden des Sadismus – den Masochismus – heraufbeschwören. Man ändert die mutlose Antriebsschwäche eines verwahrlosten Struwwelpeters und einen Träumer nicht dadurch, daß man ihn an den Pranger stellt und diffamiert. Vom pädagogischen Standpunkt her ist der „Struwwelpeter" also im höchsten Maße fragwürdig, und zwar um so mehr, als die Darstellungsweise außerordentlich einprägsam ist. Die kurzen, rhythmischen Verse, die klaren, meist vierteiligen Handlungsabläufe in ihrer eindeutigen Kausalität entsprechen der Verständnismöglichkeit von Kindern zwischen dem dritten und siebenten Lebensjahr. Die zehn Einzeldarstellungen enthalten je ein eindringlich abschreckendes Beispiel über die Folgen unerwünschten oder gar gefährlichen Handelns in gewaltigen, zum großen Teil unrealistischen Übertreibungen. Diese Übertreibungen wirken – wie unsere Werbung es auch heute täglich hundertfältig praktiziert – als Verstärkung. In der Sprache der Psychologie würde man heute sagen: Der Struwwelpeter verfolgt den Zweck, mit Hilfe „überoptimaler Attrapen“ Neigungen der Kinder, die den Erziehern unerwünscht sind, abzukonditionieren, das heißt also, durch Abschreckung pädagogisch wirksam zu werden. Es werden Drohungen ausgesprochen, die durch ihre Anschaulichkeit einerseits und ihre „Fremdschilderung“ in Form des Berichtes über „böse“ Kinder andererseits die gewünschte Wirkung auf Kinder ausüben können. Es kann aber auch bedenkliche Folgen haben, mit Hilfe von Drohungen zu erziehen! Dennoch ist es erstaunlich, daß die Geschichten, die ja jeweils mit trauriger Not oder dem Tod „ungezogener“ Kinder enden, bei den kleinen Zuhörern oft helle Freude auslösen. Das liegt daran, daß die „Fremdschilderung“ über ein *„böses“* Kind die direkte Identifikation in den meisten Geschichten abschwächt. Auf diese Weise wird das Selbstwertgefühl des Kindes mit Hilfe der Schadenfreude gestärkt nach dem primitiven Mechanismus, den Busch vielfältig betont hat in Versen wie: „Ei ja – Da bin ich wirklich froh! Denn Gott sei Dank! ich bin nicht so“ oder „Fremder Leute Seelenschmerzen nehmen sie sich nicht zu Herzen“ oder „Das ist freilich ärgerlich – he, he, aber nicht für mich“. Außerdem wird in einer Weise, die Kleinkindern verständlich ist, durch die Abwertung einer Kette von kindlichen Verhaltensweisen eine Möglichkeit vermittelt, Handlungen dieser Art zu unterlassen und dadurch belohnt zu werden, daß schreckliche Folgen, wie sie im „Struwwelpeter“ beschrieben werden, ausbleiben. Kleinkinder brauchen, ja suchen nach Orientierungshilfen, und da sie selbst noch in einem primitiven, unausgereiften Seelenzustand sind, entspricht eine primitive Schwarzweißmalerei, die das Gute belohnt, das Böse bestraft, dem undifferenzierten Gerechtigkeitsbedürfnis in diesem Alter. Sie ist sicher wesentlich wirksamer, als wenn Eltern ihre Kinder mit Moralpredigten zu beeinflussen versuchen oder wenn sie mit altruistischen Vorbildern ihre Kinder auf den Pfad der Tugend zu locken hoffen.

Es zeugt von der genialen Beobachtungsgabe Heinrich Hoffmanns, daß er die am häufigsten vorkommenden Verhaltensstörungen bei Kindern bereits kannte. Aber es fehlte ihm noch gänzlich die Möglichkeit, zu durchschauen, daß es sich dabei selten um gewöhnliche Unarten handelt, sondern daß hier Kindernot zum Ausdruck kommt, die der Heilung, nicht der Bestrafung bedarf. Ein „Struwwelpeter“ braucht viel liebevolle Betreuung, damit seine Antriebsstörung behoben werden kann, ein „Daumenlutscher“ Anregung zu altersentsprechender Beschäftigung, ein „Friederich“ und ein „Suppen-Kaspar“ haben langfristige Behandlung nötig, um sie von ihren schweren seelischen Verletzungen zu heilen, ein „Zappel-Philipp“ braucht mehr Bewegung und Kontakt zu einer fröhlichen, herzlichen Mutter anstelle der maskenhaft-starren Betreuerin, die nur „stumm auf dem ganzen Tisch herumblickt“. Dem Träumer sollte entweder zu mehr Freiheit oder zu mehr Gemeinschaft mit Gleichaltrigen verholfen werden, das zündelnde „Paulinchen“ und der ungehorsame „Robert“ brauchen sowohl klare Grenzsetzungen ihrer Eigenmächtigkeiten als auch, im beschützten Feld, Einübungen zur Selbständigkeit.

Die Erziehungsschwierigkeiten, wie sie im Struwwelpeter-Buch beschrieben werden, heilen nur, wenn man sich mit den Kindern pfleglich, verstehend und einfühlend beschäftigt – sie heilen nicht durch Drohung und Abschreckung.

Für den Erwachsenen aber kann das Buch, wenn man es nicht nur in seiner Vordergründigkeit aufnimmt, von aktuellem Erkenntniswert sein, vor allem in bezug auf die Nikolas-, die Wilder-Jäger- und die Robert-Geschichte. Er kann nicht nur lernen, wie die häufigsten Verhaltensstörungen bei Kindern aussehen, sondern an ihn selbst sind – vermutlich gänzlich unbeabsichtigt – Warnungen gerichtet, die gar nicht ernst genug genommen werden können: die Warnung vor Feindschaft mit der Natur (böser Jäger), vor Intoleranz gegenüber den fremden Völkern (Nikolas) und vor Adams immer taufrischer Ursünde: der ungehorsamen Eigenmächtigkeit des Menschen (Robert).

Vielleicht wird der „Struwwelpeter“ wie Odysseus, wie Helena, wie Jonas, Siegfried, Schneewittchen und das tapfere Schneiderlein weiterleben – bis ans Ende unserer Welt; denn noch ist nicht abzusehen, daß die Probleme, die er schildert, von uns bewältigt werden, so daß er uns langweilig würde – und damit reif, im Aktenschrank der Geistesgeschichte abgelegt zu werden.

Kinder träumen Angst

„Mammi, Mammi, da ist er wieder, der Tiger, hu-hu!" Millionen Kinder in der Welt schrecken nachts schreiend mit solchen und ähnlichen Worten auf oder stehen plötzlich mit vor Entsetzen geweiteten Augen schutzheischend am Bett der Eltern. Und so mannigfaltig wie die Inhalte der kindlichen Angstträume sind die Reaktionsweisen der Eltern. Viele Mütter schlagen schlaftrunken die Bettdecke auf und nehmen die Kinder an ihren Leib, viele verbieten sich barsch die Störung und schicken sie in ihre Betten zurück, einige fragen, nehmen in den Arm, trösten und geleiten zurück. Manchmal erzählt man sich lachend oder tadelnd das Ereignis am Familienfrühstückstisch; aber selten wird nach dem nächtlichen Erleben weitergefragt oder macht man sich gar Gedanken darüber, welche Bedeutung wohl der Angsttraum des Kindes haben könnte. „Ach, du hast ja nur geträumt", heißt es da, „Hexen gibt's gar nicht" – „Träume sind Schäume". Diese Haltung geben Eltern oft auch dann nicht auf, wenn Kinder Nacht für Nacht mit einem Pavor nocturnus, dem nächtlichen Aufschreien, erwachen, meist selbst dann noch nicht, wenn das Kind immer wieder von dem gleichen Trauminhalt geängstigt wird. Und dabei sind solche Angstträume geeignet, den Eltern unbewußte Schwierigkeiten, Konflikte oder Reifekrisen zu signalisieren, die, wenn sie von den Erwachsenen verstanden würden, in der Lage sein könnten, sich anbahnende Fehlentwicklungen im Ansatz zu beseitigen. Angstträume von Kindern haben oft einen hohen Aussagewert, den zu lernen für die Bezugspersonen sehr lohnend sein kann, um die Kleinen und ihr unbewußtes Seelenleben besser zu verstehen und bergend geleiten zu können.

Um dazu einen Anstoß zu geben, werde ich zunächst von typischen Angstträumen berichten, wie ich sie mir nach

Aussagen von Kindern in meiner psychagogischen Praxis notiert habe, und den Sinngehalt dieser Träume interpretieren. Dabei werde ich chronologisch vorgehen: denn wenn Erwachsene auch noch sehr ähnliche oder gleiche Trauminhalte haben können wie Kinder, so gibt es doch so etwas wie alterstypische Träume, die die Merkmale *der* Entwicklungssituation tragen, in der sich das Kind gerade befindet.

Kleinkinder im Alter von drei bis fünf Jahren werden in ihren Träumen besonders häufig von wilden Tieren angegriffen oder verfolgt. Sehr oft handelt es sich um Löwen, Tiger, Drachen, Krokodile, vielfach auch um Hunde.

„Geh weg, du böser Wau-Wau, sch, sch, sch!" schreit gepreßt der kleine dreijährige Jens, und dann folgt ein jämmerlich angstgellender Aufschrei. Die Mutter nimmt ihren kleinen Sohn in den Arm. „Hat mich wieder debeißt", sagt er und schmiegt sich an sie, während die Tränen rollen. „Aber ihn hat doch noch niemals ein Hund gebissen", sagen die Mütter, wenn sie in der Praxis über einen solchen Traum berichten, „im Gegenteil – es gibt so viele friedliche Hunde in unserer Umgebung, die freundlich mit Jens umgehen; ich verstehe nicht, wie es zu dieser Hundeangst kommt." Dennoch ist es gewiß: Jens fürchtet sich vor etwas, er fürchtet sich davor, angegriffen und verletzt zu werden. Ja, der Hund ist für ihn ein Wesen, das Eigenschaften verkörpert, die ihm unheimlich sind. Wenn man solche Kinder wie Jens fragt: „Sag, wie macht ein Hund?", so geben sie diese Eigenschaften meist unmißverständlich an. Jens sagt mit gewichtiger Miene: „Er bellt, ganz laut, wau-wau, er hat *so* große Zähne." Bei Löwen-, Tiger-, Krokodilträumen ist das nicht anders: die Kinder wissen oder demonstrieren: diese Tiere sind groß, stark, übermächtig und dadurch gefährlich. Sie können angreifen, verletzen oder gar töten. Wenn man in dieser Weise assoziativ erfaßt hat, wie die Eigenschaften aussehen, vor denen das Kind sich fürchtet, muß die nächste Frage lauten: Wer verkörpert diese Eigenschaften in der Umgebung des Kindes? Es läßt sich also scherzhaft die Frage an die Eltern richten: Wer bellt denn bei Ihnen zu Hause? Selten ist das nämlich ein wirklicher Hund, sondern ein lautstarker Erzieher, der sich allzu häufig, mit allzu großer Lautstärke Gehör zu schaffen versucht.

Aber nicht immer ist damit des „Pudels" Kern schon vollständig aufgedeckt – in den allermeisten Fällen steckt in solchen Angstträumen nicht nur Angst vor der mächtigen Autorität in der Umgebung, sondern – um es, bei diesem Beispiel bleibend, einmal so auszudrücken – ein eigenes „Bellbedürfnis" des Kindes, das sich am Tage nicht ausreichend hervorwagt. Das läßt sich in der psychagogischen Praxis auf sehr einfachem Weg beweisen; denn: gibt man nun dem kleinen Jens Gelegenheit, über längere Spielzeit hinweg selbst ein wilder Wolfshund zu sein, der, gefährlich knurrend, vierbeinig krabbelnd, augenrollend und zähnebleckend, durchs Zimmer streift, läßt man sich als erwachsene Bezugsperson von dem kleinen Ungeheuer spielerisch ängstigen, in die Ecke treiben, bricht man in hilfloses Schreckgeschrei aus, so kommt in großer Spielfreude eine gestaute Angriffslust zum Vorschein. Dieses Ausagieren kann das schon monatelang nächtliche Aufschreien oft schlagartig zum Verschwinden bringen. Dadurch wird deutlich, daß sehr oft eine beginnende Aggressionshemmung mit dem Angsttraum signalisiert wurde. Kleinkinder brauchen deswegen keineswegs bereits seelisch krank zu sein oder in einer extrem ungünstigen Umwelt zu leben. Es gehört zur Entwicklungssituation in dieser Altersstufe, einerseits nach Selbständigkeit und Ichfestigung zu streben, andererseits unbewußt die kindliche Schwäche, die überlegene Macht der Erwachsenen als Gefahr zu erleben, als einen Angriff, dem man sich nicht gewachsen fühlt. Die Stärkung der Verteidigungsbereitschaft und der Selbständigkeit sind daher wirksame Mittel, um solchen Angstträumen zu begegnen.

Dabei ist es nicht unwichtig, zu beachten, ob die angreifenden Ungeheuer mehr männliche oder mehr weibliche Merkmale tragen; die eben beschriebenen waren alle männlich-väterlich akzentuiert; es gibt aber auch solche, die mehr weibliche Züge tragen: verfolgende Kühe, Spinnen, Hexen oder auch Maschinen. „Jede Nacht kommt eine große, große Lokomotive", so erzählt die vierjährige Beate, „sie macht ganz laut f–f–f–, und ich laufe weg. Aber sie kann so schnell fahren – sie fährt mich immer über. Aber nun weiß ich schon: hinterher bin ich doch wieder lebendig."

Als Beate mir diesen Traum erzählte, hatte ich die Mutter noch nicht gesehen; ich bat sie hereinzukommen. Die Tür war geöffnet, und die Frau mußte einen längeren Flur durchschreiten. Schon von weitem war der schnaufende Atem dieser sehr korpulenten Frau zu hören. Sie keuchte in der Tat wie eine Dampflokomotive. Beates Mutter „überfuhr" ihre kleine Tochter aber keineswegs allein mit ihrem Übergewicht; sie war vielmehr eine von den liebevoll besorgten Frauen, die sich in großer Aufopferung um ihre Kinder bemühen, die ihren Kleinen den Himmel auf Erden bereiten wollen. Beates Mutter tat zu *viel.* Sie nahm ihr Dinge ab, die Kinder in diesem Alter allein tun wollen und müssen: das Essen und Trinken, das Waschen und Anziehen, das Herbeiholen und Treppensteigen. Diese „weich-vergewaltigenden" Mütter werden von den Kleinkindern oft sehr bald schon als Gefahr erlebt. Sie träumen von Kühen, die sie mit ihren großen Hörnern aufzuspießen drohen – denn die Kuh ist auch für moderne Großstadtkinder heute noch ein Symbol spendender Mütterlichkeit, die doch gleichzeitig (mit den Hörnern) aggressiv zu sein vermag. Oft erscheint dieser negative Mutteraspekt auch in Gestalt der Hexe, und es ist ein Irrtum zu meinen, solche Angstträume entstünden lediglich dadurch, daß man den Kindern das Märchen von Hänsel und Gretel oder ähnliche Geschichten vorgelesen oder vorgespielt hätte. Auch Kinder, deren Eltern es ablehnen, sie mit Märchen bekannt zu machen, träumen, wenn sie Probleme in dieser Hinsicht haben, in hexenhaften Symbolen, selbst dann, wenn sie den Ausdruck „Hexe" gar nicht kennen. Damit ist nun keineswegs gesagt, daß das Kind eine negative Beziehung zu seiner Mutter hat, noch gar, daß die Mutter objektiv „böse" ist, also das, was wir im allgemeinen unter dem Begriff „Hexe" verstehen. Im Gegenteil, gerade die gepflegten Kinder von behutsamen Müttern, gerade die Kinder, die in großer Liebe an ihren Pflegerinnen hängen, haben diese Sorte von Angstträumen, denn hier ist es gerade die überstarke Bindung, die für das Kind zur Gefahr wird. Es gehört zu den Entwicklungsbedingungen jedes Menschen, sich, solange er hilflos ist, liebevoll bei seiner Mutter bergen zu können, sich an sie zu binden, um von ihr nachahmend zu lernen. Aber es ist unabdingbare Aufgabe der Kindheit, zunächst der Trotzphase, diese Kükensituation zugunsten einer immer größeren, an der Umwelt sich erprobenden Selbständigkeit aufzugeben. Überbehütende Liebe kann u. U. diese Befreiung behindern; und da sie lebensnotwendig ist, signalisiert der Angsttraum die Gefährdung, um zur Flucht nach vorn aufzurufen. Ein tragischer Teufelskreis setzt ein, wenn überbesorgte Mütter dieses Warnzeichen nicht verstehen und das Kind nun Nacht für Nacht zu sich ins Bett nehmen. Die über die Zeit hinaus ausgedehnte Leibnähe verstärkt die Bindung und behindert den Entwicklungsfortschritt. Das Kind ist in der Gefahr, über die Zeit hinaus in der Säuglingssituation zu bleiben, was dazu führt, daß es sich am Tag immer ängstlicher, scheuer, schüchterner zeigt und seine Angstträume zu einem chronischen Leiden werden. Mütterlichkeit, die länger die Flügel um das Kind spannt, als es nötig ist, wird zur fangenden Klammer, zur erdrückenden Not. Aus dieser Gefahr der Überbehütung ist das Urbild der kindsklauenden, fressenden Hexe geworden, wie das Märchen von Hänsel und Gretel sie darstellt, und nur der Mut zur Aggression, zu Trotz und Auflehnung, nicht das gemeinsame Bettlager bis in die Pubertät hinein, kann diese Not lösen.

Die Angstträume der nächsten Altersstufe, der fünf- bis siebenjährigen Kinder, tragen neben den eben schon erwähnten Angriffs- und Verfolgungsträumen häufig noch einen neuen Akzent. In diesen Träumen taucht mehr und mehr die Angst auf, daß etwas abgeschnitten werden soll. Der sechsjährige Peter sprang Nacht für Nacht aus dem Bett und rannte mit dem Schrei: „Der Affe kommt, der Affe kommt!" in eine Zimmerecke, wobei er wie schützend beide Hände vor den Bauch hielt. Ich bat Peter, doch einmal den bösen Affen zu malen. Er zeichnete ein ungefüges vierbeiniges Ungeheuer mit einem riesenlangen Schwanz, das in seiner vorderen Klaue ein schwertähnliches Messer hielt. Peters Mutter erzählte, daß das Kind auch große Angst vor dem Haareschneiden habe, ja selbst das Fingernägelschneiden sei ein Drama. „Der wird mir noch ein rechter Struwwelpeter", sagte sie besorgt lachend. Solche Schneideträume ängstigen keineswegs nur Jungen dieses Alters. Die fünfjährige Antje erzählt: „Es war einmal ein schöner König. Der hatte einen langen Bart. Da kam die böse Kröte herein, machte ritsch-ratsch, da war der Bart ab – und nun war nur noch ein Schuh übrig." Kinderträume und Spielinhalte von Fünf- bis Siebenjährigen bestätigen die bereits erwähnte Vorstellung Freuds, daß sich in diesem Alter eine Krisensituation abspielt, die von ängstigenden Konflikten geladen ist. Es handelt sich um eine Phase unbewußter sexueller Tönung mit einer spezifischen Unsicherheit, ja oft Gefährdung der Geschlechtsrolle. Der Affe mit seinem langen Schwanz ist für viele Kinder ein Symbol ungehemmter Demonstrierfreude an speziell nackter, genitaler Zeigelust. Dieses unbekümmerte Exhibieren, das bei Vierjährigen noch alterstypisch normal ist, erfährt nun unter Angst eine Einschränkung und führt auch bei vollständig gesund entwickelten Buben von dieser Zeit ab zu einer Tendenz zum Verbergen, zum Verhüllen der Genitalien. Damit ist keineswegs gesagt, daß hier durch die Umwelt aus Prüderie eine Diffamierung der Zeigelust vorausgegangen sein muß. Die Furcht, der Genitalien beraubt zu werden, tritt auch in Erscheinung, wenn liberale Erziehung sich um Zwanglosigkeit bemüht. Die Kastrationsangst der kleinen Jungen ist der Hinweis auf einen innerseelischen Zensor, der erotische Strebungen, die in diesem Alter meist auf die Mutter gerichtet sind, in Schach zu halten hat. Freilich: träumen Kinder wie Peter Nacht für Nacht vom schwanzabschneidenden Affen, so muß man danach fahnden, auf welcher Basis es zu einer solchen Verstärkung der Kastrationsangst hat kommen können. Denn Träume haben eine kompensatorische Funktion – und ähnlich wie in Regelkreissystemen kommt es auch hier zu überstarken Gegensteuerungen, wenn irgendwo ein Überdruck solchen Ausgleichsversuch herausfordert. Peters altersentsprechende Kastrationsangst war zum Kastrationskomplex geworden, weil seine Mutter, die eine in ihrer Ehe unzufriedene Frau war, den kleinen Sohn erotisch geradezu stimulierte. Die betrogene, gekränkte Ehefrau spielte ihrem Mann mit ihrem kleinen Sohn – unbewußt mit Vorwurfs- und Rachetendenz – vor, wie eine liebevolle Ich-Du-Beziehung zu sein habe. Da gab es lange Schmusereien auf dem Sofa, da gab es gemeinsames Nacktschlafen und betont erotisierte Nacktheit, so daß Peters innerseelischer Zensor in Gestalt von Angstträumen gewissermaßen zum Sieden gebracht wurde.

Merkwürdigerweise zeigen aber auch die Mädchen in diesem Alter regelmäßig eine sehr ähnliche Problematik in ihren Träumen, wie die fünfjährige Antje es sichtbar machte. Bei den Mädchen wird die Mutter in diesem Alter häufig in den Träumen zur zaubernden, verhexenden Kröte, die durch Abschneiden Weiblichkeit bewirkt, wie in diesem Traum der König durch Abschneiden seines Bartes in einen Schuh verwandelt wird. Freud hat uns als erster gelehrt, daß in Symbolen wie Bart und Schuh Verschiebungen stattfinden auf Symbole, die im Grunde Kennzeichen sind für männliche und weibliche Geschlechtsorgane. Für das Mädchen ist unbewußt auch der gleichgeschlechtliche Elternteil, also die Mutter, die gefürchtete Instanz, die präsexuelle Wünsche gegen den Vater in Schach hält. Wir wissen heute, daß diese Wünsche keineswegs den Charakter reifer Genitalität tragen, sondern eine entwicklungspsychologische Notwendigkeit darstellen: am gleichgeschlechtlichen Vorbild wird das Kind gewissermaßen *vor*-geprägt, um sich im Erwachsenenalter *gegen*-geschlechtlichen Personen zuwenden zu können. Damit erweist sich, daß die kindliche Sexualität letztlich symbolhaften Charakter hat und *mehr* anstrebt als ein Vorlernen in sexuellen Vollzügen: sie übt das Kind in aller Unbewußtheit in zweisame Partnerschaft, in ergänzende Wir-Bildung ein.

Eine breite, farbige Palette bilden jene Angstträume, aus denen deutlich wird, daß die Kinder sich der sexuellen Reife nähern, einer Stufe, die besonders von den Mädchen als ein dunkles, oft noch angstgetöntes Neuland empfunden wird. Besonders eindrucksvoll in seiner archetypischen und fragenden Symbolkraft ist der Traum der zehnjährigen Angela. Sie träumte:

„Ich war bei Großmutter. Im Wohnzimmer war ein Stöckchen mit einer sich immerfort drehenden Flamme. Nach einer bestimmten Zeit sollte sich dieses Stöckchen in einen wilden Puma verwandeln. Und ich sollte mit ihm kämpfen. Da bekam ich große Angst und ging zu der Hexe, die draußen auf dem Marktplatz stand. Sie sagte: ‚Ich merke, daß du Angst hast; wenn du aber nicht kämpfen willst, dann mußt du vorn auf die Spitze des Stöckchens einen Löwenzahn pieken. Dann verwandelt sich das Stöckchen nicht in einen lebenden, sondern in einen toten Puma in einem zugebundenen Sack.'" („Und zwar liegt er so", sagt Angela und zeichnet eine birnenförmige Hohlform.) Danach fährt sie fort: „Ich holte mir *vor* dem Haus, so schnell ich konnte, einen schönen Löwenzahn und wollte ihn aufpieken, als die Hexe sagte: ‚So leicht geht das nun wieder auch nicht, du mußt nämlich den Löwenzahn aus dem Haus holen.' Ich ging in das Haus und suchte so eifrig in allen Ecken, wie ich nur konnte. Doch ich fand keinen richtigen Löwenzahn, und meine Angst wurde immer größer. („Ein richtiger sieht doch etwa so aus", sagte Angela und malt ein gezahntes Gebilde; „aber den ich fand, der sah so aus", und sie malt ein glattes Oval mit einer Mittellinie.) „Ich ging zu Vati und fragte ihn: ‚Ist das ein Löwenzahn?' ‚Ein richtiger Löwenzahn ist das ja nicht, aber man kann ihn so nennen', sagte Vati. Ich ging aber ins Wohnzimmer und piekte, gerade noch zur rechten Zeit, den Löwenzahn auf das Stöckchen. Da gab es einen Donner. Der Puma war im Sack. Ich nahm den Sack über den Rücken und ging auf eine Wiese. Dort legte ich mich hin und ruhte aus. Aber, o Schreck – auf einmal ging der Sack auf, und der Puma sprang auf mich zu. Da wurde mir klar, daß es ja kein richtiger Löwenzahn, aber dann auch kein richtiger Zauber war. Ich ging langsam auf den Puma zu und versuchte ihn zu zähmen, was mir auch gelang. So wurden wir treue Freunde. Auf einmal zauberte der liebe Puma, daß zwei ganz süße weiße Lämmchen mir in die Arme liefen."

Angela, ein gescheites, aufgeklärtes kleines Mädchen, macht deutlich, daß selbst eine freizügige Erziehung und eine altersentsprechende Aufklärung nicht an einer fragenden Erwartungsangst vor dem Mann und der Sexualität vorbeiführen kann. Sie ist archetypisch, wie bereits der Anfang zeigt: Träume, die allgemeine, uralte Probleme behandeln, spielen bei Kindern oft, wie dieser, in *Großmutters* Haus. Vor dem uralten Hintergrund steht der kleinen werdenden Frau Angela das Problem auf, wie sie männlicher Sexualität begegnen soll. Aus dem Anteil ihrer uralten Weibseele, die hier als Hexe dargestellt ist, holt sie sich den Rat vom Löwenzahnblatt, das heißt, die kleine Angela ahnt bereits, daß das Raubtier Mann verzaubert werden kann durch eine natürliche Aggressivität, die den „Puma" in den Sack steckt. Wie großartig ist dieses Urbild! Denn wie oft geschieht das auf der Welt: daß sich ein kraftvoller Mann-Puma von einer kleinen hexenden Schönen verzaubern und im wahrsten Sinne des Wortes in den Sack stecken läßt. Aber Angelas Natur selbst weiß, daß sie auf diese Weise wohl einer Gefahr ledig ist – aber ebenso aller Freude: denn was nützt einer richtigen Frau ein ohnmächtiger – im Traum heißt es „toter" – Puma im Sack! Sie bekommt deshalb die Weisung, die Lösung *innen,* im Haus, in innerlicher Weichheit, nicht in äußerlicher Aggression (den Löwenzahn draußen) zu suchen –

und dort findet sie denn auch im Symbol eines ovalen Blattes ihre weiche Weiblichkeit, wobei der Vater ihr bei der Orientierung und dem Akzeptieren dieser Form behilflich ist.

Angela findet im Traum bereits eine Lösung ihrer Angst; denn ihr wird verheißen, daß ihre verinnerlichte Weiblichkeit das Mittel ist, um männliches „Feuer" zu entschärfen und doch lebendig zu erhalten. Der Puma wird ihr Freund und schenkt ihr zwei Lämmchen. Als ich Angela fragte, woran sie die Tiere erinnern, erwiderte sie prompt: „Nun, *zwei* Kinder will ich doch haben."

Wie großartig wird die Versuchung des Mädchens, Mannangst durch ein aggressives Konkurrieren zu beseitigen, durch die bessere Lösung: die Ergänzung zu suchen, abgewiesen.

Nicht allen Mädchen stehen selbständig solche Bewältigungsmöglichkeiten zur Verfügung, und zwar um so weniger, desto unvorbereiteter sie sind. Als wehrlos der Zukunft preisgegeben, erleben sich Mädchen dieses Alters, die von Einbrechern, Pistolenschützen oder wilden Tieren träumen, die männlich akzentuiert sind. So berichtet die zwölfjährige Lore:

„Ich war im Haus meiner Großmutter und öffnete eine Türe, die in ein mir völlig fremdes Zimmer führte. Plötzlich stürzte aus einer Ecke ein Bär auf mich los. Ich lief schnell aus dem Zimmer, aber er verfolgte mich, bis ich in unsagbarer Angst aufwachte."

Wem Partnerschaft, Liebe und Sexualität bis zum zwölften Lebensjahr ein „völlig fremdes Zimmer" geblieben ist, der hat es schwer, im Angesicht des Neulandes der sexuellen Reife nicht in panischer Angst ins Kinderland zurückfliehen zu wollen.

Viele Träume von Kindern in diesem Alter haben auch Probleme der Steuerung ihrer Triebkräfte zum Inhalt. Oft tritt hier das Fahrrad, manchmal auch schon das Auto als Symbol in Funktion. Solche Kinder träumen unter großer Angst, daß sie nicht bremsen können oder daß ihr Lenker verloren sei, so daß das Gefährt steuerlos oder unbremsbar mit dem entmachteten Fahrer irgendwo zu entgleisen droht. Seelisch gestörte Kinder träumen nicht selten, daß ihr Fahrrad einen Defekt am Pedal oder einen platten Reifen habe. Die Fülle der Bilder ist schier unerschöpflich und läßt sich hier nur andeuten.

Von ihrer Angst, ihre unzähmbare Lebenskraft und Bewegungslust nicht bewältigen zu können, spricht der Traum der zwölfjährigen Annette. Sie erzählt:

„Ich stieg auf ein kastanienbraunes Pferd und konnte gleich im Galopp reiten. Ich machte ganz tolle Kunststücke, obwohl ich sonst nur auf Ponys geritten war. Auf einmal rutschte der Sattel herum, und ich hing mit dem Kopf nach unten am Bauch des Pferdes. Ich hatte furchtbare Angst, daß ich herunterfallen würde, und wollte mich am Sattel hochziehen. Aber das half nichts, denn der Sattel rutschte immer wieder herum, und ich schleifte auf dem Boden. Ich war schon ganz verschwitzt vor Angst und Anstrengung. Mit letzter Kraft griff ich in die Mähne und zog mich hoch. Als ich endgültig wieder oben war, bin ich aufgewacht."

Bildhafter läßt sich gewiß nicht die innerseelische Kraftanstrengung eines Kindes um die Vorherrschaft seines „Kopfes", seiner Geistigkeit, im Kampf mit „kopflosmachendem" Übermut der vitalen Antriebe schildern.

Die Kette dieser Beispiele ließe sich zu „Tausendundeine-Nacht-Geschichten" verlängern. Wenn auch in ihnen innerseelische Gesetzlichkeiten zum Ausdruck kommen, so sind sie doch von schillernder, immer wieder staunenswerter Vielfalt wie die Fülle der Schöpfung draußen, wie die Natur.

Keineswegs sind Angstträume bei Kindern immer ein böses Zeichen. Träume dienen als Spannungsentlastung, haben wunscherfüllende, warnende oder unter Angst vorwärtstreibende Funktionen. Erst wenn ein Kind über Wochen und Monate Nacht für Nacht mit dem gleichen Angsttraum schreiend erwacht, darf man den Schluß ziehen, daß es zu einer inneren Notlage gekommen ist, aus der man herauszuhelfen hat. Wenn dazu kein Fachmann zur Verfügung steht, sollte man mit kleineren Kindern den Versuch machen, den Traum als Theaterstück zu spielen, und zwar dergestalt, daß das Kind den Angreifer spielt. Auch im Kasperlespiel läßt sich der ängstigende Komplex häufig lösen; ebenso aber auch durch das Zeichnen des beängstigenden Trauminhalts. Dabei ist es nötig, daß das nicht einmal, sondern viele Male geschieht, wobei die Variationen, die das Kind sich ausdenkt, häufig weiterführen und mithelfen, den Ursprung der Ängste zu erhellen. Auch Laienerzieher haben alle Chancen, hier therapeutische Hilfe zu leisten, wenn sie sich nur bereit finden, still zuzuhören, und über die ausagierten Inhalte für sich nachzudenken, ohne das Kind in seinem agierenden Phantasieren zu beeinflussen und damit zu stören. Angstkomplexe von Kindern, die in Träumen ihren Niederschlag finden, können verschwinden, wenn sie zugelassen, gelebt und von den Bezugspersonen verstanden werden. Dazu ist es keineswegs erstrebenswert, den Kindern die Deutung bewußtzumachen. Es ist auch nicht nötig, daß die Erwachsenen selbst gleich eine verstandesmäßige Erklärung finden. Ihre Bereitschaft, die unbewußten Inhalte und Bilder aufzunehmen und sich in sie zu versenken, kann ein Fundament zur Überwindung der Schwierigkeiten liefern.

Angstträume von Kindern können für Eltern aber auch wie aufblinkende Kontrollampen zur Selbsterziehung dienen. Die Mütter, die sich in die Gestalt von Hexen und Spinnen, die Väter, die sich als Wölfe oder Löwen dargestellt finden, sollten darüber nicht in aggressive Gekränktheit gegen ihre undankbaren Kinder verfallen, sondern im Wissen um schicksalhafte Schuld ohne verkniffenen Zorn im gemeinsamen Gespräch mit dem Partner die eigenen Verhaltensweisen kritisch unter die Lupe nehmen. Unsere Ehemänner sehen leichter, wo wir Mütter des Guten für die Kinder zuviel tun und sie verwöhnen; wir Frauen erkennen oft klarer, wo Ordnungsforderungen der Väter zur Verherrlichung eines starren Prinzips werden, anstatt dem Leben zu dienen.

Träume können Wegweiser sein auf unseren uns oft so unübersichtlich scheinenden Lebenswegen, ja sie können uns selbst über die Angst unserer Kinder helfen, aufzuwachen und unser Familienschiff auf diese Weise – vielleicht sogar im letzten Moment – durch Herumreißen des Steuers vor einem Zerschellen an einer unsichtbaren Klippe zu bewahren.

Aber selbst wenn wir in diesem Sinne ideale Eltern wären, selbst wenn wir unseren Kindern optimale Möglichkeiten zu ihrer Entfaltung böten, würden wir den Angsttraum nicht aus der Welt schaffen. Solange wir in dieses Leben, in den Kampf um das Dasein geworfen sind, wird es ihn als Kennzeichnung von Gefahr, als Warnsignal geben. Die Angst – und damit auch ihr

Ausleben im Traum – ist ein unvermeidliches, ja notwendiges Phänomen. „In der Welt habt ihr Angst“ – sagt schon die Heilige Schrift. Und auch wenn wir unsere Kinder verstehen und sie zu bergen versuchen, bleiben wir alle der Erlösung bedürftig von diesem Leben mit seinen Konflikten, seiner unentrinnbaren Schuld und mit seiner Angst.

Anfällige Kinder

In die Praxis kommt eine Mutter mit ihrem siebenjährigen Jungen, um ihn wegen seiner Ängstlichkeit psychologisch untersuchen zu lassen. Es ist ein ein wenig windiger, noch frostloser Frühwintertag; aber das Kind ist abenteuerlich vermummt. Die Mutter hat ihm einen dicken Wollschal vor den Mund gebunden, und beim Ausziehen ergibt sich, daß Thomas außer Schal, fellgefüttertem Mantel, Mütze und Handschuhen auch noch eine Wollweste über dem dickgestrickten Pullover trägt. Thomas hat schweißnasse Hände, und als ich die Mutter im Laufe unseres Gesprächs daraufhin anspreche, meint sie: Ja, Thomas habe mit diesem lästigen Schweiß große Not, so daß er sommers und winters schweißaufsaugende Angorawäsche trage, damit er sich nicht erkälte. Dennoch sei das Kind leider außerordentlich häufig krank – nur ein wenig Zugluft, nur ein etwas kälterer Wind –, und schon läge er wieder mit Fieber im Bett. Er sei ein Kind, das unentwegt huste und bereits so viel Penicillin bekommen habe, daß man fürchten müsse, es werde bald nicht mehr wirken. Sie täte alles, um diese Schwierigkeiten zu beseiten: Vitamine, Kraftnahrung, Gesundheiswäsche – nichts habe bisher geholfen.

Situationen dieser Art sind nichts Ungewöhnliches in einer psychagogischen Praxis, ja sie sind geradezu typisch. Anfällige Kinder wie Thomas sind zum Beispiel sehr selten unter den jüngeren in kinderreichen Familien zu finden; auch die zur Untersuchung gebrachten Heimkinder haben zwar viele und schlimme Nöte, sind aber selten chronisch erkältungs- und fieberanfällig wie Thomas, dieses einzige Kind einer Mutter, die den ganzen Tag voller Fürsorge um ihren „Goldschatz", wie sie sich ausdrückte, bemüht war. Jüngere Kinder aus „Orgelpfeifenfamilien" sind sehr häufig frech, faul und rüpelhaft, aber von strotzender Gesundheit, während die ältesten oder erst recht die einzigen viel häufiger dazu neigen, scheu, ängstlich, übergewissenhaft und anfällig zu sein. Beobachtungen dieser Art haben uns gezeigt, daß selbst die Konstitution eines Menschen keine statische Größe ist, sondern anscheinend auch etwas zu tun hat mit Umwelteinflüssen, mit der Umgangsweise, die man einem Kind zukommen läßt. So gibt es in den Heimen mit elternlosen Babys meist im Vergleich zu Familienkindern eine erhöhte Anfälligkeit für Erkrankungen, die nicht selten Verlegungen in Kliniken nötig machen und lebensbedrohlichen Charakter haben können – aber kaum einmal führt dieser bedenkliche Start zu einer chronischen Anfälligkeit in der weiteren Kindheit; und wenn Heimkinder auch häufig erkältet sind, so überstehen sie das durch gelassenes Schniefen und Aufschlecken der „Triefnase", ohne daß das zu einer lebensbeeinträchtigenden Bettlägerigkeit führt.

Unabhängig von aller primären Anfälligkeit gibt es anscheinend also Bedingungen, die sie chronifiziert. Thomas' Mutter ist ein Paradebeispiel dafür, welcher Art diese Faktoren sind. Sie reagiert auf Thomas' Erkrankung mit Angst. Das steht jeder guten Mutter in einem gewissen Maß zu, die ihr Kind liebt, fürchtet sie doch mit Recht, es verlieren zu können, wenn sie nicht sorgt. Sie stellt sich also auf Thomas' Anfälligkeit ein, versucht ihn abzuschirmen, ihn zu bewahren. Sie fängt an, ihn zu vermummen, ihn zu überwärmen, ihn von den gefährdenden Situationen fernzuhalten. Es ist nun erstaunlich, daß viele der in dieser Weise mit vehementer Sorge reagierenden Mütter es nicht merken, daß dieses ihr Handeln genau das Gegenteil von dem bewirkt, was sie erreichen möchten: nämlich Sensibilisierung statt Stabilisierung, neue Erkrankung statt Gesundung; ja auf diese Weise kann sich ein Teufelskreis einschleifen, der den Allgemeinzustand des Kindes unter Umständen bedenklich herabsetzt, denn bei ihm entsteht damit anscheinend nicht nur eine geringere Widerstandsfähigkeit gegen Infektionen, sondern es wird von der Ängstlichkeit der Mutter geradezu infiziert; denn da diese Mütter liebevoll und verantwortungsbewußt sind, sind die Kinder generell leicht erziehbar, sie reagieren wie ein gut dressiertes Pferd auf den geringsten Schenkeldruck und sind auch ohne ihn spontan bereit, sich mit ihrer Mutter zu identifizieren und sie nachzuahmen. Viele dieser Kinder haben deshalb große Schwierigkeiten mit dem Schulanfang. Nicht nur, daß sie sich der fremden Situation nicht gewachsen fühlen, die auf sie wie ein Geworfenwerden ins kalte Wasser einen Schock hervorruft – ihre Anfälligkeit hindert sie am regelmäßigen Schulbesuch; ja, da das Kind die Schule mit ihrem Lärm, mit ihren Rüpeleien und ihrem Konkurrieren negativ erlebt, wirkt das, obgleich es eine ausgezeichnete Leistungsfähigkeit besitzt, zusätzlich als ein gesundheitsmindernder Faktor: Es lernt, daß man den beängstigenden Schulbesuch durch Mutters Entschuldigungszettel einschränken kann. Die „Flucht in die Krankheit" als ein sekundärer Lustgewinn setzt ein.

Solche unbewußten, aber verhängnisvollen Zusammenhänge sind häufig auch bei einer Erkrankung der oberen Luftwege im Spiel, die die Lebensentfaltung eines Menschen beträchtlich einschränken können: dem Asthma bronchiale. Die meisten Kinder mit einem psychogen bedingten Asthma haben Mütter, die mit außerordentlich großer Gewissenhaftigkeit und Akkuratesse ihr Baby nach Vorschrift versorgen; aber bei aller großen Bemühtheit fehlt es ihnen häufig an natürlicher Zuwendung. Erfahren solche Kinder bei einer ersten Erkältung, etwa um das zweite Lebensjahr herum, daß die Mutter sie spontan auf den Arm nimmt, zu sich ins Bett holt, so erleben sie erstmalig die ihnen notwendige Befriedigung ihres Bedürfnisses nach Zärtlichkeit und Leibnähe. Das beschwört die Gefahr herauf, daß die psychische Krankheitsneigung chronisch verstärkt wird. Einschränkend muß nun freilich an dieser Stelle vermerkt werden, daß solche Zusammenhänge von uns zwar sehr häufig beobachtet werden, daß das aber keineswegs generell der Fall zu sein braucht. Es gibt auch ein Asthma bronchiale, das ohne alle diese Voraussetzungen entsteht – es gibt auch eine Anfälligkeit, die unabwendbar eintritt und auf einer angeborenen Lebensschwäche beruht, die sich jenseits des zehnten Lebensjahres spontan verliert.

Aber wir haben auch die Möglichkeit, die chronifizierenden Faktoren solcher Erkrankungen zur Kenntnis zu nehmen und aus ihnen zu lernen. Dabei können, ja müssen uns solche Erkenntnisse zunächst erschrecken. Sie demonstrieren uns, wie unvorhersehbar weitgehend das Schicksal unserer Kinder von unserem Verhalten mitbestimmt werden kann, sie erhöhen damit unsere Verantwortung, ja unser Schuldgefühl. Und dennoch läßt gerade die Erhellung der Zusammenhänge zwischen der Chronifizierung der Anfälligkeit und der Überbesorgtheit solcher Mütter ein Lebensgesetz deutlich werden, das uns auch die Möglichkeit gibt, die Begrenzung unserer Verantwortlichkeit zu erkennen. Denn anfällig werden ja gerade die Kinder, deren Mütter die Gewissenhaftigkeit auf die Spitze treiben, die ängstlich fürchten, für das Kind nicht vollkommen genug zu sorgen. Damit beweisen sie aber, daß sie kein Vertrauen haben. Hier wird im konkreten Fall die Wahrheit deutlich: Wer das Leben erhalten will, der wird es verlieren, hier zeigt sich, daß das „Sorget nicht" Christi für uns eine große praktische Bedeutung hat. Es sagt uns, daß es eine unzulässige Machtübernahme bedeutet, wenn wir mit Angst und übertriebener Akkuratesse unsere Kinder vor den Gefahren des Lebens bewahren wollen. Wir sollten uns nicht als die Herren über Leben und Tod, ja nicht einmal über das Schicksal unserer Kinder aufspielen (das zeigt uns dieses Beispiel). Wir sollten vertrauensvoll annehmen, was uns an Glück oder Leid geschenkt wird. Wir sollten gar nicht immer alles perfektionistisch selbst machen und verändern wollen. Dieses Vertrauen ist nicht dasselbe wie Gleichgültigkeit. Es bedeutet nicht, daß wir das Kind vollständig sich selbst überlassen. Unverwahrte Kinder werden verwahrloste Erwachsene – so können es uns die Vorgeschichten der rückfälligen Straftäter sehr deutlich machen; aber eine Haltung, die die Alleinherrschaft des Menschen nicht überschätzt, kann bei aller vorläufigen „stellvertretenden" Verantwortung für das Kind eine getroste Gelassenheit leben, in der auch das Kind eine vertrauensvolle Geborgenheit – statt schutzloser Preisgegebenheit – erfährt. Auf diese Weise kommt es nicht zu einer verkrampften Übersteigerung der Pflege, sondern zu einem gesund erhaltenden Maß in ihr. Die Einsicht in die Breite unserer Einflußmöglichkeiten auf unsere Kinder läßt also gleichzeitig die Erkenntnis aufleuchten, daß diese Freiheit nur dann gute Früchte trägt, wenn wir sie freiwillig wieder abgeben und sie dem überlassen, dem unser Schicksal nun einmal realiter anheimgegeben ist.

Werden unsere Kinder verplant?

Gedanken zu neuen Konzepten der Vorschulerziehung

Bildungsplaner haben es auf ihr Programm gesetzt: Wir müssen die kleinen Kinder mobilisieren, damit sie lernfähiger werden, damit im Schulalter eine bessere Effektivität des angebotenen Lernstoffes möglich wird. Und es hallt durch den Blätterwald der Presse die richtige Erkenntnis: Es ist zu spät, erst im Alter von sechs Jahren damit zu beginnen, die besten Chancen sind dann verpaßt, früher muß der Bildungsprozeß einsetzen, früher muß der Hebel angesetzt werden, um eine kollektive Steigerung des Bildungsniveaus zu erreichen.

Nun, in der Tat, berechtigt ist diese Forderung, ja diese Sorge, denn von Jahr zu Jahr sinkt das Leistungsniveau der Kinder an unseren Schulen. Wahrhaftig, es ist an der Zeit hier Schlimmeres zu verhüten. So sinnt man auf Abhilfe. Läßt sie sich dadurch schaffen, daß man Vorschulklassen einrichtet, die Schulpflicht also um ein Jahr vorverlegt? Läßt sich der Geist der Kinder vielleicht besser mobilisieren, indem man sie bereits im Laufstall das Lesen lehrt?

Unsere experimentierfreudige Zeit hat ein neues Versuchsfeld entdeckt. Fast möchte man frei nach Goethe sagen: „Es wird getan, kaum eh's gedacht."

Warum sollen wir nicht ausprobieren, ob frühes Lesenlernen und Vorschulklassen nicht das Ei des Kolumbus sind? Nun, erstens weil das Experimentierfeld eben die Kinder sind, Menschen im Werden – und damit ungeeigent für derlei Versuche, bei denen ja gerade erprobt werden soll, ob diese Form der Beeinflussung nützt oder schadet. „Kinder auszuprobieren", so sagt die Kinderpsychotherapeutin Ursula Neumann daher mit Recht, „das heißt, die sittliche Grenze überschreiten, die ein Experiment mit Menschen rechtfertigen könnte." Und zweitens sind Experimente dieser Art noch viel fragwürdiger, weil

Zufallserfahrungen in der kinderpsychotherapeutischen Praxis uns längst gelehrt haben, daß intellektuelle Verfrühungen der vorgeschlagenen Art einen gravierend schädigenden Effekt auf die Gesamtentwicklung haben können. Zwei Beispiele sollen diesen Sachverhalt verdeutlichen:

Reinhard, der neunjährige Sohn eines Dorfschullehrers, wird von den besorgten Eltern in der psychagogischen Praxis vorgestellt. Der Junge schreie Nacht für Nacht, oft mehrere Male, im Schlaf auf, in der Schule habe er Schwierigkeiten mit den Kameraden. Er sei ein Einzelgänger, würde abgelehnt und könne nicht mittollen oder sich bei Rüpeleien wehren. Er sei überhaupt ein Steifbock, eine sportliche Niete, ein Stubenhocker. Aber er sei merkwürdig unglücklich dabei, meist hänge er nörgelnd der Mutter am Rockzipfel, ohne sich seinem Alter entsprechend jungenmäßig beschäftigen zu können. Die Schularbeiten erledige er lustlos, sie seien voller „Leichtsinnsfehler", da er anscheinend unwillig sei, sich hinlänglich zu konzentrieren. Die Eltern berichten, daß Reinhard im Vorschulalter ein außerordentlich aktives Bürschchen gewesen sei und eine leichte Auffassungsgabe gehabt habe. Der Vater habe bereits, als der Junge erst drei Jahre alt war, damit begonnen, ihm das Lesen, Schreiben und Rechnen beizubringen. Es war voraussehbar, daß der Junge beim Vater eingeschult werden würde, und so hoffte dieser Lehrer durch Superleistungen seines Sohnes sein Prestige in der Dorfgemeinschaft zu festigen. Nun, diese Mühe hatte allenfalls im ersten Schuljahr lohnenden Erfolg gezeitigt. In den folgenden Jahren zeigte die zunehmende Isolation des Lehrerkindes und die Verschlechterung der Schulleistungen, daß die Rechnung keineswegs so aufging, wie der ehrgeizige Pädagoge es sich vorgestellt hatte.

Testergebnisse bewiesen dann auch, daß es durch die verfrühte intellektuelle Dressur zu einem Mißverhältnis im Haushalt der Kinderseele gekommen war, daß die Einseitigkeit der Förderung des Intellekts eine Hemmung lebensnotwendiger Antriebe, der Verteidigungsbereitschaft und der Motorik, bewirkt hatte, die von dem Kind als existenzbedrohlich erlebt wurde – so gefährlich, daß er Nacht für Nacht mit einem Pavor nocturnus aus dem Schlafe fuhr. Am augenfälligsten zeigte sich die Störung in all ihrer Einseitigkeit im Baumtest. Der Junge zeichnete einen Baum, bei dem die rechte Seite der Krone säuberlich strukturiert und voll ausgebildet dargestellt war, während die linke Seite abgebrochene, unbelaubte, verstümmelte Äste aufwies. Dieser projektive Test machte deutlich: während der Verstand des Jungen prächtig ausgebildet worden war, litt seine Gefühlsseite so sehr Not, daß daraus eine Entfaltungsstörung resultierte. Das Bedenklichste, ja geradezu Groteske an dieser Geschichte ist aber doch wohl die Tatsache, daß dieses Kind nicht nur in seiner unbekümmerten Gestaltungs- und Aktionsfreude eingeengt, sondern daß gerade das Gegenteil von dem erreicht worden war, was angestrebt wurde: Lustlosigkeit statt Lernbereitschaft, Flüchtigkeit und heimlicher Protest anstelle einer leichtfüßigen Leistungsfähigkeit. Wir Praktiker würden nicht so einhellig vor derartigen einseitigen intellektuellen Dressuren warnen, wenn wir nicht immer wieder die Erfahrung machten, daß derartige willkürliche Manipulationen den Kindern nicht gemäß sind und daß es verantwortungsbewußten Pädagogen allenfalls zusteht, genau zu beobachten, wann der Zeitpunkt gekommen ist, um die altersentsprechende Anregung zu geben. Dieser Zeitpunkt liegt für das Lesenlernen bei Kindern unseres Kulturkreises im allgemeinen nicht früher als bei fünfeinhalb und nicht später als bei sechseinhalb Jahren.

Aber – so wird nun argumentiert – warum sollte man dann nicht die Kinder getrost im Alter von fünf Jahren in eine Vorschulklasse schicken? Das hätte doch viele Vorteile: Man könnte gewissermaßen spielend die Einübung der Kulturtechniken vorbereiten, man entlastet gleichzeitig kollektiv die Mütter, die so notwendig als gewissenhafte Arbeitsbienen in den Fabriken gebraucht werden, man vermittelt den Kindern, die zu Hause wegen der erzieherischen Unfähigkeit ihrer Eltern wenig oder unzureichende Anregung erfahren, die Möglichkeit zur Chancengleichheit, und man fördert die Eingliederung der Kinder in eine Gemeinschaft. Sind das nicht genug wichtige Gründe, um das Einschulungsalter obligatorisch um ein Jahr vorzuverlegen? Nun, es sind unüberhörbare Argumente – und deshalb ist das Bemühen, Einzelkinder oder Kinder aus Familien, die dort keine hinreichende Förderung erfahren können, gruppenweise von geschulten Kindergärtnerinnen anregen und erziehen zu lassen, sicher ein Gedanke, der sich von Fall zu Fall vollauf bejahen läßt. Aber: daraus ein Gesetz für alle machen zu wollen ist eine bedenkliche Maßnahme, die gewiß auch negative, für einzelne Kinder fragwürdige, im ganzen abermals niveausenkende Folgen haben kann. Das liegt daran, daß das fünfte und sechste Lebensjahr im allgemeinen noch keineswegs eine Phase optimaler Lernbereitschaft für Kulturtechniken darstellt, weil in dieser Zeit entwicklungspsychologisch ein Reifeschritt von großer Wichtigkeit erfolgt, der die Aktivität und die Phantasie der Kinder oft weitgehend absorbiert und die Spielinhalte färbt und bestimmt. Der in der Fünfjährigkeit fällige Reifeschritt heißt sexuelle Objektprägung. Es geht den Kindern hier nicht viel anders als den Enten des Verhaltensforschers Konrad Lorenz: Die sexuelle Objektwahl vollzieht sich – längst vor den Ereignissen, für die sie bestimmt ist – in einem anderen Funktionskreis, nämlich an den Eltern. Da diese Entwicklung in fröhlicher Unbewußtheit vor sich geht, aber einen biologischen, arterhaltenden Sinn hat, geschieht sie unter einem starken inneren Antriebsdruck, der die Kräfte des Kindes weitgehend absorbiert. In diesem Alter beginnen Mädchen intensiv mit Puppen zu spielen, sich für die Schminkkästen ihrer Mütter zu interessieren und geputzt wie kleine Damen vor den Vätern ein zärtlich-kokettes Gegurre zu beginnen, die Jungen werden jetzt zu heldischen Eroberern, sie erforschen den Inhalt der Puppen ihrer Schwestern, interessieren sich, Doktor spielend, für die Genitalien und können sich nicht genug tun in Spielen, in denen durchbohrt, durchlöchert und durchspritzt wird.

Häufig machen sie den Müttern direkte Heiratsanträge: „Nicht wahr, Mammi, jetzt bleibst du immer dreißig – ich bin bald groß und heirate dich dann." Unterschwellig ist diese sogenannte ödipale Phase der Fünfjährigen durch die Entstehung intrapsychischer Schuldgefühle und Strafängste eine Krisenzeit. Sie führt in dieser Zeitspanne häufig zu unbewußten Beunruhigungen der Kinder, die dann im Spiel abreagiert und allmählich mit dem Abbau des sogenannten Ödipuskomplexes überwunden werden.

Es wird nach dieser Information, so hoffe ich, einleuchtend sein, Bedenken dagegen zu haben, mitten in dieses dramatische innerseelische Geschehen den Einschulungstermin zu setzen, und zwar nicht nur, weil die Aufmerksamkeit der Kinder noch zu sehr an dieses Geschehen fixiert ist, sondern weil es in der Natur der Sache liegt, daß der Vorlernprozeß auf Partnerschaftsfindung hin an *einer* erwachsenen Person und nicht an vielen erfolgt. In der Schule lernt das Kind aber bereits im ersten Schuljahr mehrere neue Bezugspersonen kennen. Durch eine zu frühe Einschulung wird den Eltern also die Möglichkeit genommen, durch ein positives Vorbildgeben eine stabile Partnerwahl im Erwachsenenalter vorzubereiten. Wie die Lebensentwicklung erschwert werden kann, wenn die Eltern in dieser Phase keine positiven Vorbilder sind, will ich an einem Beispiel verdeutlichen:

Gundula wurde auf Antrag mit Sondergenehmigung im Alter von fünf Jahren eingeschult. Sie war ein außerordentlich aufgewecktes Mädchen, das dritte Kind eines Botschafters, das bereits viel von seinen älteren Geschwistern gelernt hatte und deshalb den Einschulungstests nach mit Recht als schulreif erschien. Der Vater war um diese Zeit langfristig im Ausland. Gundula projizierte begreiflicherweise ihre ödipalen Bedürfnisse auf den Lehrer, an dem sie wie eine Klette hing. Der Lehrer hingegen konnte das Anliegen des Kindes nicht verstehen, er fühlte sich belästigt und in seinem Auftrag gestört und versuchte das Kind mit Abweisung dazu zu bringen, seinen Anspruch „vorgezogen“ zu werden, aufzugeben. Er schimpfte oft hart mit dem Kind und gab ihm manch unangemessene Abfuhr. Diese negative Mannbeziehung führte dazu, daß das Mädchen in der Jugendzeit eine Ablehnung alles Männlichen entwikkelte, die es schließlich in eine Straßenangst trieb, das heißt, es versuchte sich dem Konflikt zwischen Anziehung und Furcht vor dem männlichen Geschlecht dadurch zu entziehen, daß es sich mehr und mehr von der Welt zurückzog. Aber die Verfrühung hatte auf diese Weise nicht nur eine Störung der psychosexuellen Entwicklung zur Folge – Gundula blieb auch mit einer geradezu krankhaften Wut und einem unfrohen, angstgetönten Bemühen um hervorragende Schulleistungen bemüht. Die frühe Einschulung hatte für sie eine Überforderung bedeutet. Gundula hatte – auch wenn das objektiv keineswegs der Fall war – immer den Eindruck, den Aufgaben nicht gewachsen zu sein, so daß die verkrampfte Leistungsangst die Lebensfreude des Kindes – und auch die seiner Umwelt – zerstörte. Deshalb warnt der amerikanische Kinderarzt Homann mit Recht: „Kinder, die zu früh eingeschult werden, sind oft ihre ganze Schulzeit hindurch überfordert!“

Es läßt sich also in bezug auf die Vorschulklassen feststellen: Es ist gewiß nicht verantwortbar, sie per Gesetz als obligatorisch einzuführen. Sie mag bei unterprivilegierten Kindern ein wünschenswerter Ersatz für mangelhafte oder unangemessene Anregung zu Hause sein – vom entwicklungspsychologischen Standpunkt aus ist sie bestimmt nicht als ideales Patentrezept zur Intelligenzentfaltung zu empfehlen. Deshalb fordert die Münchener Kinderpsychologin Pichottka: „Man sollte nicht kleine Kinder das Lesen, sondern die Eltern das Spielen lehren." Ich möchte, diesen Vorschlag erweiternd, sagen, man sollte die Eltern lehren, den Sinn der Spielinhalte ihrer Kinder zu verstehen, um die seelischen Hintergründe ihrer Entwicklung besser erfassen zu können; dann wird ihnen Kindererziehung kein eintöniges Geschäft zwischen Putzen, Waschen und Füttern mehr sein, sondern sie werden voller Staunen erkennen, wieviel sich aus dem Spiel der Kinder lernen läßt über eine herrliche, reiche Welt, die uns Erwachsenen fremd geworden ist. Mütter werden dann intensiver, interessierter, hellhöriger den Werdeprozeß ihrer Kinder begleiten und anregen können.

Voraussetzung dafür ist, die Kinder nicht unentwegt gängeln und traktieren zu wollen, sondern aus dem stillen Beobachten Interesse für sie, ein Mitsein mit ihnen zu entwickeln, das wie kaum eine andere erzieherische Verhaltensweise geeignet ist, die seelisch-geistige Entwicklung in einer gesunden Harmonie zu fördern. Wir brauchen uns nicht einzubilden, daß es möglich sein kann, eine derart individuelle Förderung durch Massenunternehmungen zu ersetzen. Frühe Kollektivierung von Kindern – das hat uns die Heimerziehung gelehrt – bringt eine geistige Nivellierung mit sich dergestalt, daß originelle Spitzenbegabungen nicht mehr in Erscheinung treten. Unser Bemühen um Chancengleichheit kann aber dieses unmöglich zum Ziel haben: originelle Entfaltung zu verhindern. Abgesehen davon, daß das nicht als Verwirklichung des Postulats der Chancengleichheit angesehen werden kann, ist es kulturpolitisch nicht verantwortbar, individuelle Sonderbegabungen zu unterbinden. Originelle Individualität aber braucht Zeit und Entfaltungsspielraum in ruhig-friedvoller, angemessen stimulierender Atmosphäre der Geborgenheit und des Wohlwollens. Wir brauchen uns nicht einzubilden, daß diese Erfahrung der Kinderpsychotherapeuten sich mit Hilfe der Vermassung und Verplanung des Kleinkindes widerlegen läßt, nein, sie wird durch solche Handhabung in negativer Form eine neue Bestätigung finden.

Der hektische Betrieb um die Intelligenzförderung von Kleinkindern ist ohnehin noch so lange falsch gepolt, solange man von der Fehlvorstellung ausgeht, daß eine optimale Leistungsfähigkeit allein eine Angelegenheit der Anreizung der Denkfunktion sei. Allein schon der Verlauf der Therapie des anfangs geschilderten Kindes Reinhard vermag diese scheinlogischen Theorien zu entkräften. Nachdem nämlich erkannt war, daß die Angst und die Leistungsstörung eine Folge der fehlenden kindgemäßen Gefühls- und Antriebsentwicklung war, wurde eine Spieltherapie eingeleitet, in der das Kind all die vernachlässigten Bezirke seines kleinen Seelenhaushalts vervollkommen konnte. Nach einem Jahr war Reinhard in der Lage, sich zu verteidigen, hatte Freude am jungenhaften Spiel, konnte wieder bauen und modellieren und Schlachten schlagen – und mit der Ausbildung *dieser* Fähigkeiten erstarkte nun auch seine geistige Leistungsfähigkeit.

Es ist dringend an der Zeit, zur Kenntnis zu nehmen, daß Leistungsfähigkeit keineswegs eine Angelegenheit der Gehirnwindungen oder eines permanent stimulierten Gehirns allein ist. Die Voraussetzung für Leistungsfähigkeit besteht vor allem darin, daß die lebenswichtigen Grundantriebe des Menschen sich hinreichend haben entfalten und generalisieren können. Beim angestrengten, mühevollen Saugen an der Mutterbrust zum Beispiel erwirbt das Kind die sich später generalisierende Fähigkeit, sich anzustrengen, bei welcher Tätigkeit auch immer. Beim Anschauen der Mutter im Schaualter der Säuglingszeit, zwischen dem dritten und sechsten Lebensmonat, erwirbt das Kind die Voraussetzung dafür, besinnlich und genau hinzuschauen, sich zu interessieren, sich für eine Sache einzusetzen. Viele Funktionen dieser Art, ohne die bei noch so guter Intelligenz Schulfähigkeit nicht möglich wird, entfalten sich in einer gesunden Elternhausatmosphäre im Kleinkindalter.

Daß unsere Kinder heute zum großen Teil unkonzentriert, gespannt, stumpf und faul in den Schulbänken hocken, liegt daran, daß man ihnen die Ruhe, den Frieden und die Natürlichkeit dieses Entfaltungsspielraums nicht mehr bietet, sondern sie statt dessen in ein hektisches Getriebe technisierter, denaturierter Verwöhnung setzt. Chancengleichheit, Leistungssteigerung ist eine Angelegenheit des opferbereiten Gehorsams der Erwachsenen, den Kindern von ihrem ersten Lebenstag an das zu geben, was ihnen angemessen ist, und das sind: Liebe und Zuwendung, Spielraum und Abgrenzung, Auseinandersetzung und Vergebung, Anregung und Ordnung. Wir sollten an diesen Gegebenheiten lernen, daß wir Menschen keine Roboter sind, techniche Apparaturen, auf deren Knöpfe man drückt, und Leistungsfähigkeit springt aus dem Gehäuse.

Mißhandeln wir so den lebendigen Organismus Kind, so sollten wir uns nicht wundern, wenn er sich benimmt, als sei er ein Apparat, bei dem durch Fehlschaltung ein Kurzschluß verursacht wird – nämlich ein totales Leistungsversagen. Erziehen aber heißt, behutsam und sachkundig zu gärtnern, und das heißt: zur rechten Zeit, im rechten Maß pfleglich zu handeln.

Rauschgiftsucht hat eine lange Vorgeschichte

Sie schießen wie Pilze aus dem Boden, die „Release-Zentren“, die Wohngemeinschaften, die privaten Sammelstellen für Suchtkranke. Wie erfreulich ist das im Hinblick auf die spontane Hilfsbereitschaft, die hier sichtbar wird, in Beziehung auf die trotzig ärmelhochkrempelnde Aktivität der oft jungen Helfer, die der wachsenden Not nicht mehr tatenlos zusehen wollen, die nach angemessener Hilfe für die „Randständigen“ suchen, die sie in ihrer Welt aufzuspüren, statt sie in eine verabscheute Klinikatmosphäre hinzuziehen trachten. Dies alles ist menschlich so richtig, steht so sehr im Zeichen der Liebe für den Bruder, auch und gerade für den kranken, armen, verkommenen – und gehört damit zu den positiven, den hoffnunggebenden Zeichen unserer Zeit. Und dennoch besteht die Gefahr, daß diese Versuche nicht nur ergebnislos, sondern zusätzlich mit der Resignation der jungen Helferkräfte enden. Denn diese Versuche zur Verwirklichung von Hilfe wachsen aus einer unzureichenden Kenntnis und einer daraus folgenden Fehleinschätzung der seelischen Erkrankung, mit der man es bei Süchtigen zu tun hat. Sie besteht in der falschen Vorstellung, daß der Süchtige gewissermaßen per Zufall, unversehens in einen Sumpf geraten sei, aus dem man ihn infolgedessen nur herauszuziehen und mit einem fröhlichen Klaps auf den festen Weg einer heilen Welt zu schicken brauche – und daß damit dann eben alles in Ordnung sei. Ich habe in meiner Praxis nicht einen einzigen Jugendlichen erlebt, bei dem die Sache bei näherem Hinsehen so einfach gewesen wäre, bei dem lediglich „böse Verführer“ das Abgleiten in die Sucht bewirkt hätten. Bei nur oberflächlichem Hinsehen mag das so scheinen – aber wenn man sich die Mühe macht, die Vorgeschichten gründlich (mit Hilfe der Bezugspersonen) zu erforschen und den Kranken jahrelang zu beobachten und zu betreuen, dann wird unweigerlich deutlich, daß die Sucht lediglich die Spitze eines Eisberges darstellt, das heißt, daß die seelische Erkrankung, lange bevor sie auftauchte, unterschwellig als riesenhafte, gefährliche, eisige Verhärtung der Seele bereits vorhanden war.

Jetzt rächt es sich bitter, daß die mühselige Verfahrensweise der Kinderpsychotherapeuten, stunden- und wochenlang an der Erhebung nur einer Vorgeschichte zu arbeiten, niemals zu anerkannter ärztlicher oder heilpädagogischer Methode an den deutschen Universitäten wurde. Denn die Kenntnislücke, die so kollektiv entstand, bewirkte, daß eine ganze Gesellschaft hilflos vor einer Krankheit steht, die sich zur Volksseuche auszubreiten droht. Dieses Vakuum führt dazu, daß ein breiter Strom laienhafter Ursachentheorien mit ideologischen Tendenzen in es einfließen kann, wodurch die Not nicht nur nicht verkleinert wird, sondern zusätzlich künstlich anwächst.

So schillernd vielfältig die Vorgeschichten von Süchtigen sein mögen, so sehr zeichnen sich bei den meisten typisch gleiche pathogene Faktoren ab, wenn man nur genau genug fragt, forscht und zuhört.

Ein Beispiel soll für viele stehen: Der achtzehnjährige Studienratssohn Michael ist seit einem Jahr rauschgiftsüchtig. Er hat zunächst in einem Kreis von Kumpeln mit Haschisch angefangen und ist jetzt LSD-abhängig. Er handelt mit Hasch und verdient sich auf diese Weise das Geld für die Trips. Michael sucht mich auf Drängen der Eltern auf, weil er eine Berufsberatung wünscht. Er möchte Sozialarbeiter werden. Ansätze zu mehreren anderen Berufen, Buchhändler, Bauingenieur, Postbeamter, sind bereits gemacht worden, aber regelmäßig daran gescheitert, daß Michael es nicht schafft, bei einer Arbeit auszuharren. Diese Schwierigkeit besteht keineswegs erst seit seiner Drogenabhängigkeit, sie war im Gegenteil immer die Crux des Jungen. Zwar besitzt er einen Realschulabschluß – diesen verdankt er aber weitgehend dem Einfluß der Pädagogeneltern auf ihre Kollegen, die immer wieder mit dem Jungen Gnade walten ließen; denn bereits als Schulkind war Michael zum Arbeiten nicht zu bewegen. Seine Schulleistungen waren von Anfang an immer unter dem Durchschnitt, obgleich die Lehrer einhellig aussagten, daß die Antworten im Unterricht und gelegentlich ein blitzartiges Aufleuchten seines Intellekts bewiesen, daß er nicht dumm sei.

Aber diese „Faulheit", die zum Wechseln von Klassen und Schulen geführt hatte, war im Grunde bereits vor der Einschulung vorhanden gewesen. Die Eltern erinnern sich, daß der Junge als Kleinkind keine Lust zum Spielen gehabt habe, ja daß er sogar eßfaul gewesen sei. Noch bis ins Schulalter hinein habe er Brot stundenlang im Munde herummümmeln können, da er sich nicht einmal zum Kauen habe entschließen können. Hingegen habe er einen riesigen Konsum an Trinkbarem, zuerst von Brause, schließlich ab zwölf Jahren aber auch schon von Bier gehabt, ab dreizehn sei er zigarettensüchtig geworden. Interessanterweise berichten die Eltern, daß Michael erst mit etwa sieben Jahren bettrein geworden sei und seit dieser Zeit dazu neige, immer einmal wieder Geld zu stehlen, obgleich er viel Taschengeld bekommen habe; aber er könne mit Geld grundsätzlich nicht haushalten.

Wie sieht der Lebensstil des Elternhauses aus? Keineswegs ungepflegt und keineswegs übergepflegt, keineswegs überstreng, keineswegs intolerant. Michael hat drei ältere Geschwister, die studiert haben und mit ihrer Berufsausbildung bereits fertig sind. Alle Geschwister haben eine locker gelöste, positive Beziehung zu den Eltern und zueinander, wie es in persönlichen Gesprächen mit ihnen zum Ausdruck kommt. Den Nachkömmling Michael hatten sie als Baby und Kleinkind schon ein wenig bewußt erlebt und geliebt. Keine enge Wohnung, kein Großstadtsmog, keine veraltete, enge, tabuierende Pädagogik – was machte trotzdem Michael so krank? Denn daß er das bereits war, als er in die Schule kam, zeigen das Bettnässen, die Trinksucht, die Passivität des Kindes.

Dennoch ergab sich bei näherem Hinsehen, daß Michaels Situation in seiner ersten Lebenszeit sich von der seiner Geschwister weitgehend unterschied. Michaels Mutter war Studienrätin und gerade – ihr damals jüngstes Kind wurde eingeschult – wieder berufstätig geworden, als eine neue Schwangerschaft eintrat. Es gelang ihr nicht, sich innerlich mit dieser Situation abzufinden – zu sehr durchkreuzte das ihre eigenen Pläne. So blieb sie denn im Beruf, stillte das Kind im Gegensatz zu den älteren Geschwistern nicht und ließ es in der Zeit ihrer Abwesenheit von freilich häufig wechselnden Hausmädchen oder

Stundenhilfen versorgen. „Unser Lebensstil wurde um die Zeit, als Michael geboren wurde, überhaupt entscheidend anders", sagte diese Mutter. „Wir beiden Erwachsenen hatten zunehmend weniger Zeit, dafür aber mehr Geld. Wir konnten den Kindern, vor allem aber dem kleinen Michael, viel mehr bieten." Damit wird eine sehr typische Gegebenheit deutlich: Dem kleinen unerwünschten Michael wurde auf diese Weise viel, ja viel zuviel „geboten", aber eben gerade nicht das, was er brauchte: die stille beschauliche Gemeinsamkeit mit einer Mutter, die bereit war, sich ganz auf ihn einzustellen.

„Unsere Ältesten", so berichteten die Eltern, „haben mit uns noch die beengten Verhältnisse der Nachkriegszeit durchgestanden – Flucht auf dem Planwagen, Notunterkünfte, das Suchen nach einer neuen Heimat; aber wir sind glücklicherweise nie voneinander getrennt gewesen." Das nun ist das Entscheidende: Der kleine Michael, das einzige Kind mit einer beständigen neuen Heimat, ist das einzige innerlich heimat*lose* Kind der Familie, denn ihm wurde nicht mehr das Glück zuteil, sich als Säugling an eine Mutter, die immer für ihn da ist, binden, in ihr verwurzeln zu können – er bekam auf der ganzen Linie schnöden Ersatz, er geriet wie so viele seiner Jahrgangsgenossen in den Sog des Zeitmangels und der Verwöhnungsmöglichkeit seiner Eltern.

Inwiefern das schadet, läßt sich aufgrund der praktischen Psychopathologie und aufgrund der Triebstrukturen von Kleinkindern beweisen, wie es in vielen Publikationen von uns Fachleuten (grundlegend vor allem von Annemarie Dührssen) immer wieder beschrieben worden ist.

Solche Kinder sind seelisch chronisch unterernährt, während ihre Aktivität im Ansatz durch Verwöhnung blockiert wird, so daß es ihnen nicht mehr möglich ist, sich anzustrengen, nach „getaner Arbeit" zufrieden zu sein und damit zu neuen Leistungen motiviert zu werden. Weil diese Situation bei immer mehr Kindern eintritt, nimmt die Zahl derer, die als Kleinkind nicht kauen wollen, die sich mit Flüssigkeit zur Fettleibigkeit vollschwemmen, die aus Seelenhunger bereits als Sechsjährige zu stehlen beginnen und aus verzweifelter Antriebsschwäche schließlich in die Sucht gehen, von Jahrgang zu Jahrgang zu.

Die von hilfreichen Laien immer wieder übersehene Schwierigkeit besteht aber vor allem darin, daß diese Krankheit den

Stellenwert einer verkümmerten, unzureichend ausgebildeten Funktion trägt, der Funktion, mit Lust aktiv sein zu können. Sie ist ähnlich verkümmert und nicht einfach weckbar, wie die Sehfunktion eines Kindes unentwickelt bleibt, wenn man dem Auge im Kleinkindalter nicht rechtzeitig Gelegenheit gibt, damit zu sehen.

Dieser Vergleich soll zeigen: Wir brauchen dringend eine vorbeugende Aufklärungskampagne, damit verhindert wird, daß immer mehr Kinder jene Antriebsschwäche erwerben, für die die Rauschgiftsucht dann lediglich eine spezifische Manifestationsform ist. Wir brauchen dringend ein Bewußtsein der Erzieher davon, daß der Wohlstand und seine verwöhnende Fülle zum Feind Nummer eins für unsere Familien werden können.

Als Volkskrankheit tritt die Verwahrlosung in diesem Ausmaß zum ersten Mal in der Geschichte auf, weil zu ihren Grundbedingungen gehört: denaturierte, unangemessene verwöhnende Einflüsse durch die gesamte Kindheit hindurch und die Freiheit und Einbettung in einen von Eigenverantwortung entlastenden Sozialstaat. Suchtprobleme unseren Ausmaßes gibt es vor allem in liberalen Staatsformen mit einem hohen Lebensstandard; in diktatorischen Staatsformen wird ihre Manifestation unterdrückt, womit keineswegs gesagt sein soll, daß das gesünder oder gar besser wäre.

Die Bekämpfung der Suchtgefahren ist eine Angelegenheit der Information von jungen Mädchen und jungen Männern über die Struktur seelischer Erkrankungen, *bevor* sie Väter und Mütter werden. Sie sollte eine Sache von Bräute- und Elternschulen sein. Der Suchtgefahr zu begegnen ist eine Angelegenheit der Erziehung der Erzieher, der individuellen Betreuung im Kleinkindalter, die durch keine noch so frühe und noch so fachmännisch geleitete Kollektivierung ersetzbar ist.

Kinder aber, die bereits krank sind, müssen in mühsamen, langfristigen Einzeltherapien zusammen mit einem ausgebildeten Seelenarzt die behinderte seelische Entfaltung nachholen. Dazu gehört bei dieser Erkrankung die jahrelang währende Treue immer derselben Person, die diesen Kindern tragischerweise an ihrem Lebensanfang regelmäßig nicht oder nur unzureichend oder in unangemessener Weise zur Verfügung stand; und die Therapie dauert um so länger, je älter das Kind ist. Während der Pubertätszeit ist sie doppelt schwer, weil die hormonale Umstellung in eine Freiheit drängt, für die *diese* Jugendlichen noch keineswegs reif sind, denn seelisch befinden sie sich im Zustand von Säuglingen, die gierig nach Sofortbefriedigung heischen und weder Triebaufschub noch Triebverzicht ertragen können, ohne die sich mündige Freiheit nicht gestalten läßt.

Es ist daher ein verhängnisvoller Irrtum zu meinen, die Hilfsbedürftigen könnten sich gegenseitig aus ihrer Abhängigkeit von den Suchtmitteln heraushelfen. Man kann Blinde nicht von einem Blinden über eine Brücke führen lassen, Säuglinge werden nicht dadurch zu Kleinkindern, daß man sie in einem Säuglingszimmer sich selbst überläßt. Die gegenseitige Hilfe von Menschen, die ihre Alkoholsucht in mühsamen Entziehungskuren überwunden haben, ist nicht zu vergleichen mit dem Versuch, in der Gemeinschaft gleich schwacher Jugendlicher stark werden zu wollen. Zwar sucht der Kranke den Mitkranken, um durch dessen Gleichsein eine Legitimation für seine eigenen Schwierigkeiten zu bekommen und damit das unbehagliche Gefühl, nicht richtig zu leben, übertönen zu können. Dieses together-together-Phänomen bedeutet im Grunde aber eine Verstärkung der ohnehin nicht bezwingbaren Versuchung, erneut zur Droge zu greifen. Darüber hinaus summieren sich in der Gemeinschaft nicht nur die Intentionen zur Sucht, sondern auch alle anderen gestauten, weil unzureichend entwickelten Antriebe, so daß es zum Beispiel zu einem plötzlichen Aufflammen diffuser, undifferenzierter Gewalttaten kommen kann.

Es gäbe gewiß in der Welt kaum noch chronische seelische Erkrankungen wie diese, wenn sie sich allein durch die Aktivierung „guter Herzen“ beseitigen ließen. Denn den „guten Menschen von Sezuan“ gibt es im Grunde gar nicht selten – und er wäre viel leichter mobilisierbar, wenn er nicht an seinen schlechten Erfahrungen mit den „Unverbesserlichen“ zu resignieren gelernt hätte. Wir Therapeuten machen diese Erfahrung vor allem immer wieder mit Lehrherren, die oft mit großer Langmut und Geduld die Passivität, die Unbotmäßigkeit und Aggressivität ihrer Lehrlinge ertragen – und oft verzagen sie erst, nachdem sich herausgestellt hat, daß sie trotz des Einsatzes der gesamten Lehrfamilie – und gelegentlich auch gleichzeitig deren Zerrüttung – den Lehrherrn vorsätzlich schädigende Versorgungsfälle bleiben, statt Lernwillige zu werden.

Wenn Süchtige – wie viele von ihnen meinen, weil man es ihnen vorschwätzte – allein krank geworden wären, weil der Leistungsdruck zu hart auf ihnen lastete und die Gesellschaft sie mit Konsumzwängen und dergleichen unerträglich unterjochte, müßte ihnen mit einem vom verstehenden Staat wohltuend eingerichteten Schloß in frischer Luft rasch zu helfen sein. Aber es läßt sich in Kenntnis der seelischen Grunderkrankung mit Sicherheit sagen: Auf diese Weise stagniert nicht nur der Gesundungsprozeß – die Krankheit wuchert geradezu. Und kein noch so tüchtiger Helfer, ja selbst Fachmann könnte das in dieser Situation verhindern.

Suchtkranke brauchen als Voraussetzung zur Gesundung eine Situation, in der der Tatsache Rechnung getragen wird, daß sie an der schwersten Entfaltungsstörung leiden, die wir kennen. Mit Suchtkranken muß wieder dort begonnen werden, wo die Krankheit begann: in der frühen Kindheit. Sie brauchen die Ordnung, den Schutz, das persönliche Engagement eines reifen Erwachsenen, der sie nicht mit einer Freiheit belädt, die sie unentwegt lebensgefährlich bedroht. Sie brauchen das mühsame, gezielte Konditionieren auf Aktivität zu, wobei mit kleinsten Arbeitsschritten begonnen werden muß.

Mit gutem Beispiel geht hier die Drogenabteilung des Westfälischen Instituts für Jugendpsychiatrie und Heilpädagogik Hamm voran. Sie hat einen Erfahrungsbericht über die einjährige Arbeit der stationären Betreuung drogenabhängiger Jugendlicher gegeben.

Das Positive dieses Versuches liegt darin, daß ihr Konzept offenbar frei ist von ideologischen Vernebelungen des gesunden Menschenverstandes, das heißt, die Therapeuten durchschauen die klischeehaften Scheinmotivationen ihrer Kranken (Leistungsdruck, Repression, Protest gegen die Herrschenden), und sind dadurch in der Lage, zu erkennen, daß das wesentliche Merkmal der Erkrankung keineswegs die Sucht allein ist, sondern eine Aktivitätsatrophie als Folge chronischer Verwöhnungen.

Diese Einsicht konnte ihnen zu einer praktikablen Therapie verhelfen, die sich in drei Betreuungsstadien gliedert. Sie haben die Entschlackung von den klischeehaften Scheinmotivationen, eine Reaktivierung und die Sozialisierung der Kranken zur Aufgabe. Dabei handelt es sich zwar vornehmlich um einen Abbau der schädigenden Folgen von Verwöhnung, aber gleichzeitig durchaus auch um ein Nachholen echter zwischenmenschlicher Zuwendung und Führung. In der Art und Weise, wie die Betreuer vorgehen, zeigt sich, daß sie frühkindliche Funktionen der Mutter (als Geborgenheitsspendung) und des Vaters (als Instanz, die Anforderungen stellt, an die Einsicht appelliert und Ordnung vorschreibt) übernehmen und nachholend durchhalten. Dabei ist gewiß, daß die Helfer von Hamm dennoch keine hochprozentigen Heilungschancen haben werden. Viele der Jugendlichen, die, bevor sie der Sucht verfielen, bereits eine neurotische Verwahrlosung mehr oder weniger manifest mit sich herumtrugen, werden sich auch diesen Heilungsversuchen entziehen, werden, bevor genug Standfestigkeit erreicht ist, von dem Sog nach Sofortbefriedigung und dem Ausweichen vor einer durchhaltenden Anstrengung in ein selbstzerstörerisches Laufenlassen hinweggeschwemmt werden. Aber die Chance, daß hier mehr Menschen nicht nur eine Entziehungskur, sondern auch eine echte Heilung erfahren, ist aufgrund *dieses* Konzeptes durchaus gegeben.

Die Therapie von Suchtkranken gelingt nicht in der Freiheit, gelingt auch nicht in der Zwangsjacke, sondern allein in Institutionen, in denen ein Heer von hilfreichen und *gesunden* Helfern arbeitet. Die bange Frage, woher wir in Zukunft all die Engel nehmen sollen, läßt sich nur beantworten mit der Entwicklung und der vorrangigen Durchführung eines Programmes zur Vorbeugung dieser Gefahren auf Bundesebene.

Wer die Sisyphusarbeit des Therapeuten mit Jugendlichen, die neurotisch verwahrlost sind, aus eigener Erfahrung kennt, muß aus Verantwortungsbewußtsein nach prophylaktischen Maßnahmen suchen. Diese Not-wendigkeit wird dem Fachmann um so deutlicher, als die Kenntnis über die Verursachung dieser Erkrankung zeigt, daß außerordentlich viele Heranwachsende in den westlichen zivilisierten Ländern mit wirtschaftlicher Hochblüte gefährdet sind, an dieser schwersten unter den seelischen Störungen zu erkranken. Diese Gefahr, daß hier eine neue, in der Geschichte niemals je in Erscheinung getretene Volksseuche sich in schreckerregender Weise ausbreiten würde, ließ sich als Folge unserer Lebensweise durchaus voraussagen – und ich habe das auch (von den maßgeblichen Instanzen ungehört) seit 1958 in der Öffentlichkeit unermüdlich getan.

Den Nährboden für die Verwahrlosung bilden erstens denaturierte Umgangsweisen mit Säugling und Kleinkind, die zu Antriebsstörungen führen (siehe Christa Meves – Verhaltensstörungen bei Kindern, Piper 1971), zweitens Verwöhnungen mit zu viel und zu leichter Sofortbefriedigung durch Surrogate.

Die Volksseuche Verwahrlosung ist daher keineswegs allein durch Bannen der Rauschgiftgefahr aus der Welt zu schaffen; denn die ist ja nur *ein* Teilaspekt. Diebstahls- und Raubkriminalität zum Beispiel sind eine andere Ausdrucksform dieser Erkrankung, aber auch der Nikotin- oder Alkoholmißbrauch, ebenso das säuglingshafte Geschrei nach einem besser und gerechter versorgenden Staat mit all seiner mehr oder weniger sogenannten „revolutionären" Tendenz zur Gewalttätigkeit, wie die Unfähigkeit zu liebender Bindung, stetiger Arbeit und überpersönlicher Verantwortung.

Weil das so ist, kommen informierende Appelle über die Suchtgefahr an Eltern von Kindern in der Vorpubertät bereits viel zu spät.

Vorbeugende Maßnahmen müßten bestehen

a) in der Aufwertung des Stillens und der strikten Anleitung der Wöchnerinnen in den Kliniken dazu durch Pflegerinnen und Frauenärzte. Es sollte Ehrensache sein, Säuglinge ein halbes Jahr lang voll zu stillen;

b) Aufwertung der Mütter, die bei ihren Säuglingen bleiben, anstatt zu arbeiten, Prämiierung in Form von Säuglingsschutzgeldern, Haushaltshelferinnen zur Förderung der ungestörten Entwicklung einer gesunden Mutter-Kind-Beziehung im ersten Lebensjahr;

c) Aufklärung über die großen Gefahren des Überflusses und des nachbarlichen Wettbewerbs um den höheren Lebensstandard unter besonderem Bewußtmachen der Gefahr, daß die Kinder durch Verwöhnung seelisch erkranken;

d) Erziehungskunde (s. mein Unterrichtsbuch „Erziehen lernen") als Pflichtfach für alle Schulabgangsklassen.

Die Volksseuche „neurotische Verwahrlosung“ ist keineswegs eine Angelegenheit von Kindern, die tragischerweise in Obdachlosenasylen aufwachsen, ist kein bedauerlicherweise unabänderliches Unglück im Einzelschicksal. Sie ist die Folge einer allgemeinen Blindheit gegen die lebensnotwendigen seelischen Entwicklungsbedingungen der Art Mensch und die Folge denaturierender, wissenschaftlicher „Fortschritte“ in Medizin und Technik. Diese „Fortschritte“ machen Elternsein zunächst leicht und bequem, schlagen aber mit einem furchtbaren Bumerang, der *zunächst* konsequenterweise die Eltern, später das ganze Kollektiv trifft: nämlich mit dem aggressiven Unglücklichsein, der Unbotmäßigkeit, der Faulheit, dem schwachen Ausweichen, ja schließlich der Zerstörungssucht einer ganzen heranwachsenden Generation.

Ehe als Norm – ein alter Zopf?

Ist die Einehe auf Lebenszeit eine überholte Norm? Ist sie ein morscher Ast, der junges Wachstum stört, und sollten wir dann nicht alles tun, ihn abzusägen, um unzeitgemäßen Ballast abzuwerfen? Unser Leben hat sich im letzten Jahrhundert so sehr verändert. Die Medizin schenkte den Menschen eine viel längere Lebenserwartung und damit auch eine viel größere Möglichkeit, daß zunehmend mehr Menschen fünfzig-, ja sechzig- und siebzigjährige Ehejubiläen erleben. Die Ehe als Grundlage der Familie, als Nest für die Kinder hat eine Funktionseinbuße erlitten dadurch, daß kinderreiche Familien immer seltener werden; die Emanzipation der Frau machte ihre größere finanzielle Unabhängigkeit möglich. Diese grundlegende Veränderung unserer Situation macht es notwendig, neu zu prüfen, ob für uns noch die alte Sitte der Einehe einen Sinn hat oder ob sie ein alter Zopf ist, der der Schere bedarf.

Ich möchte an den hauptsächlichen neuen Modellvorschlägen – der Ehe auf Zeit, der Gruppenehe und der Ehe mit sozialer Treue, aber sexueller Freiheit – entlanggehen, das Für und Wider dieser neuen Vorschläge vergleichen mit der alten Form der Ehe und auf diese Weise versuchen, einen Standpunkt zu erarbeiten, wobei in die Argumentation tiefenpsychologische Erfahrung aus der eigenen Praxis mit einbezogen werden soll. Um Mißverständnisse abzuwehren, schicke ich voraus: Es soll sich nicht darum handeln zu diskutieren, ob die Ehe grundsätzlich unscheidbar ist. Wenn man, wie ich, in der Praxis steht, ist diese Frage kaum zu bejahen, denn es gibt nun einmal Eheunfähigkeit einzelner Partner, zum Beispiel bei chronischem Alkoholismus, es gibt auch den Irrtum und die existenzbedrohende Qual einer Fehlwahl, bei der, vom Helfer her gesehen, die Trennung der Partner der einzige lebensrettende

Ausweg ist. Sich der fürchterlichen Not hoffnungslos zerrütteter Ehen mit einer kirchlich-institutionellen Forderung die Ohren zu verschließen – das ist für einen, der um Hilfe gebeten wird – gar noch im Hinblick auf die leidenden Kinder –, kaum durchhaltbar. Diese Frage also, die nach der Scheidbarkeit in solchen Einzelfällen der Not, soll hier ausgeklammert werden. Im Mittelpunkt unseres Nachdenkens soll allein die Frage stehen: Sollen wir die alte Norm, Einehe auf Lebenszeit zugunsten neuer Formen und Normen ändern? Was spricht dafür, was spricht dagegen?

Das Modell der Ehe auf Zeit bedeutet, daß die Ehepartner die Abmachung treffen, daß sich ihr Bund mit dem Flüggewerden des jüngsten Kindes gewissermaßen von selbst auflöst. Dieses Modell geht von der berechtigten Vorstellung aus, daß Kindern zusteht, in einem heilen Nest aufzuwachsen, das ihnen Geborgenheit schenkt. Die Ehe auf Zeit sieht ihre Hauptfunktion in der gewissenhaften Aufzucht der Kinder. Man argumentiert, daß jede Weiterführung eine fragwürdige Kettung zweier Menschen aneinander bedeutet, die neue und andere Aufgabenbereiche besser ohne eine solche Fesselung bewältigen würden. Interessanterweise werden Argumente dieser Art sehr viel häufiger von Männern vorgebracht als von Frauen, deren Freiheit im Grunde durch die zusätzliche Arbeit der Haushaltsführung und Versorgung *beider* Partner meist sehr viel mehr beschnitten zu sein pflegt als die des Mannes. Daraus wird deutlich, daß das Motiv der größeren Eigenentfaltung ein Scheinmotiv ist. Was gesucht wird, ist eigentlich gar nicht die Ent-bindung, sondern die Abwechslung, das heißt Neues, Anderes, Besseres, Frischeres. Das ist ein typischer Männerwunsch besonders des älteren Mannes. Ich möchte die Erklärung der Gründe dafür zunächst noch eine Weile zurückstellen. Zuerst will ich auf meine Praxiserfahrungen mit „Ehen auf Zeit“ eingehen. Dabei kann ich ja keine Erfahrungen mit einer noch nicht vorhandenen Normierung bringen; vergleichen läßt sich dieser Vorschlag nur mit Familien, die jetzt bereits ohne einen lebenslänglichen Ehevertrag leben, oder mit solchen Familien, die sich nach der Aufzucht der Kinder mit einer ähnlichen Argumentation, wie ich sie eben vortrug, haben scheiden lassen.

Zum ersten Fall gehören alle „Onkelehen“, das heißt also

die Verbindung jener Partner, die, um die Kriegerwitwenrenten der Frau zu erhalten, keine neue Ehe eingehen, oder auch Familien, bei denen es nicht zur Eheschließung kam, weil der Mann noch mit einer anderen Frau verheiratet ist, die die Scheidung verweigert hat.

Groß ist die Zahl der Kinder aus solchen Verhältnissen, die zur Erziehungsberatung geschickt werden, weil sie seelische Störungen zeigen. Und außerordentlich häufig ergibt sich dann, daß sie ihre Ursachen in der hektischen Nervosität der Mütter haben, und sie wiederum – das decken oft erst die Träume auf – sind ein Niederschlag des Gefühls von Unsicherheit und Ungesichertheit, das diese Frauen mit sich herumtragen, und zwar selbst dann, wenn eine ausreichende finanzielle Grundlage – eben durch die Rente der Frau – vorhanden ist. Diese Unsicherheit beruht vielmehr auf der meist berechtigten Angst, daß der Mann wieder fortgehen könnte. Und oft tut er das dann eben auch – sicher hauptsächlich deshalb eher, weil der Ehevertrag auf Lebenszeit gar nicht erst geschlossen worden ist. Die Frauen sind die Leidtragenden bei solchen Verläufen, denn abgesehen davon, daß es schwerer ist, als Mutter Kinder allein großzuziehen, bricht oft viel Einsamkeit, viel seelisches Leid durch das Erlebnis des Verlassenseins über die Frau herein; und das ist selbst dann so, wenn keine Kinder vorhanden sind oder diese zum Zeitpunkt der Trennung bereits selbständig sind. Während der Mann meist sehr schnell einen neuen Hafen bei einer jüngeren Frau anläuft, hat die ältere Frau es wesentlich schwerer, einen neuen Partner in ihrer Jahrgangsstufe zu finden. Verbitterung, Enttäuschung und Einsamkeit, das ist der häufig von ihnen allein gezahlte Tribut einer Form des Zusammenlebens, die die leichte Auflösung der Verbindung von vornherein möglich macht. Am schwersten wiegt als Argument *gegen* eine Ehe auf Zeit aber die Tatsache, daß eben bereits innerhalb der Zeit des gemeinsamen Zusammenlebens Angst, Unruhe, Mißtrauen, Eifersucht und damit eine allgemeine Nervosität bei den Frauen zunimmt und die Atmosphäre vergiftet, und zwar unabhängig von der finanziellen Sicherheit. Dieser Umstand zeigt deutlich, daß die Frauen sehr viel mehr in ihrer inneren Existenz auf den dualen Bezug angewiesen sind. Selbst wenn Frauen einen eigenständigen, sie finanziell unabhängig machenden Beruf haben, sind sie selten vollständig zufrieden, wenn sie nicht einen ständigen Partner haben, den sie versorgen können, zu dem sie in intensiver seelischer Kommunikation stehen, der ihnen die Handhabungen abnimmt, zu denen sie sich weniger begabt fühlen. Am Rande sei noch vermerkt, daß Scheidungswaisen, selbst wenn sie erwachsen sind, in der Berufsausbildung stehen oder gar schon ein eigenes Nest gegründet haben, erfahrungsgemäß allgemein unter dem Auseinanderbrechen des Elternhauses auch dann noch zu leiden pflegen. Ein fest stehendes Elternhaus mit einem liebenden Elternpaar ist für viele junge Erwachsene oft ein stärkerer seelischer Rückhalt, als sie selbst zugeben wollen. Die Stürme der ersten Lebensenttäuschungen, ja der eigenen Ehekrisen werden auch von den Jungen oft standfester durchgehalten, wenn die Dauerhaftigkeit der Elternehe hier als Leitbild wirkt. Im Positiven sind diese Zusammenhänge häufig sehr viel weniger leicht zu durchschauen als im Negativen – etwa daran, daß Lebenskrisen schwerer durchgehalten werden, eher zum Sichfallenlassen in eine Krankheit oder eine Sucht führen, wenn der mächtige Stützbalken eines lebenslänglich intakten Elternhauses nicht mehr vorhanden ist.

Als ein sehr bedenkenswertes Argument für die Ehe auf Zeit wird häufig mit Recht eingewandt, daß die lange Lebenserwartung der Menschen heute und das immer mehr vorrückende Heiratsalter das Problem aufwirft, daß ein Ehepaar, besonders wenn es in verschiedenen Berufen steht, doch im Laufe seines Lebens verschiedene seelisch-geistige Entwicklungen vollzieht, sich gewissermaßen voneinander fort entwickelt, ja daß sich dann gerade durch den Beruf bessere, nähere Kameradschaften bilden können, die schließlich zu einer intensiveren seelisch-geistigen Kommunikation und zu Liebe führen können. Das ist ein außerordentlich schwerwiegendes Argument, und im Einzelfall wird es hier darauf ankommen, einen solchen Konflikt zwischen Pflicht und Neigung hart mit sich selbst durchzukämpfen; eine neue Norm der Ehe auf Zeit ist aufgrund dieses *einen* positiven Arguments gegen die negativen, die ich beschrieb, aber wohl kaum zu errichten.

Dennoch läßt sich an dieser Erfahrung einiges über die seelische Funktion der Ehe lernen, um Entfremdungsprozessen vorzubeugen. So sind zum Beispiel Gespräche mit dem Partner über den Beruf, tägliche Informationen und gegenseitiges Interesse für seine Inhalte eine Möglichkeit, um solchen unter Umständen allmählich wachsenden seelischen Klüften entgegenzuwirken. Die Tatsache, daß so viele Männer ihre Sekretärinnen lieben, beweist darüber hinaus, daß es zum Wesen der Partnerschaft zwischen einem Mann und einer Frau gehört, in einer gemeinsamen Aufgabe zu stehen, gewissermaßen im Joch des gleichen Karrens zu sein. Aus dieser Verwirklichung einer gemeinsamen Aufgabe wächst die oft faszinierende Übereinstimmung. Wird das nicht gesehen und die hübsche Sekretärin nach der Scheidung und neuer Eheschließung zum häuslichen Kleiderständer ernannt, pflegt die junge Ehe häufig sehr schnell wieder unglücklich zu werden. Das scheint mir eine höchst aufschlußreiche Beobachtung zu sein, die deutlich macht, daß Ehe mehr ist als ein gegenseitiges Befriedigen von Versorgungs-, Geborgenheits- und Triebansprüchen. Echte Zufriedenheit kann sich in einer Ehe nur einstellen, wenn ihre hauptsächliche Funktion erfüllt wird. Am Gleichnis der Kinder, die aus einer solchen Verbindung hervorgehen und für die über eine lange Zeit in gemeinsamer Anstrengung gesorgt wird, läßt sich handgreiflich verstehen, daß Ehe bedeutet, in einer gemeinsamen, zukunftsbezogenen Aufgabe zu stehen. Mozarts Duett in der „Zauberflöte“: „Mann und Weib, Weib und Mann reichen an die Gottheit an“, umgreift das religiöse Mysterium Ehe: In ihr erhalten die Menschen mit dem Glück, durch den gegengeschlechtlichen Partner eine polare Ergänzung und Verstärkung zu erleben, die Chance, an der Zukunft der Welt durch Vervollkommnung, durch Verwirklichung göttlichen Geistes teilzuhaben. Besonders der durchgängig vorhandene Wille der Eltern, daß ihre Kinder Besseres, Höheres, Klügeres werden sollen, zeigt die geistige Zielrichtung eines Lebensgesetzes an, nämlich uns um höhere Lebensformen und Gestaltungen zu bemühen. Verwirklichungen dieser Art sind freilich nicht nur über die Aufzucht gemeinsamer Kinder erringbar, sondern auf viele andere Weisen, in der die Partner einander ergänzen oder sich intensiv einer gemeinsamen Aufgabe widmen. Wenn das allen Ehemännern im Bewußtsein wäre, wenn sie heiraten, würden sie nicht so blind von einer Sekretärinnenfaszination in die andere fallen, sondern sich mit der zuerst gewählten Partnerin um die geistig-seelische Gestaltung eines gemeinsamen Lebens als religiöse Aufgabe bewußt bemühen. Das ist der beste Schutz, um vor der Flucht aus einem sinnlosen und bequem gewordenen Ehe-Alltag in eine neue Seligkeit hoffnungsverheißender Wir-Bildung auszuweichen.

Zusammenfassend läßt sich in bezug auf diesen Punkt sagen: Als allgemeines neues Gesetz ist die Ehe auf Zeit nicht zu empfehlen aus folgenden Gründen:

1. Sie läßt bei Familienmüttern eine Unsicherheit entstehen. Existentielle Ängste dieser Art bei Müttern sind nicht dazu angetan, den Kindern die ihnen nötige Geborgenheit zu geben.

2. Jedes liebende Paar sehnt sich gefühlsmäßig nach absoluter Dauerhaftigkeit der Bindung, ja es ist geradezu ein Kriterium für Liebe zu meinen, daß man diesen *einen* Menschen *ewig* lieben wird. Noch 1972 wünschen sich in der BRD 98 % der weiblichen und 96 % der männlichen Jugendlichen eine lebenslängliche Ehe.

3. Die Auflösung der Ehe nach dem Flüggewerden der Kinder führt wohl bei den Männern, selten aber bei den Frauen in eine neue Ehe oder Partnerbindung. Das Alleinsein im Alter wird von geschiedenen, verlassenen Frauen häufig als noch sehr viel bitterer empfunden als von Witwen.

4. Der Zusammenbruch des Elternhauses ist auch für das Leben der erwachsenen Kinder ein Faktor, der ihre eigene Tragfähigkeit mindern kann.

5. Das Bedürfnis nach einem neuen Partner, der besser dem eigenen, veränderten Entwicklungsstand entspricht, ist häufig die Folge einer Nachlässigkeit in der Eheführung. Wenn Ehe verstanden wird als die gedoppelte Chance, Liebe, Ordnung und Neugestaltung zu verwirklichen und zu mehren, kann diese Aufgabe bewußt in Angriff genommen werden, statt blind und stumpf am Gleichnis neuer Partner, das heißt durch äußere Veränderung nach Verwirklichung dieser elementaren Aufgabe von uns Menschen zu gieren.

Der Modellvorschlag, zwar die Ehe als institutionelle Norm zu erhalten, sich in ihr aber sexuelle Freizügigkeit mit anderen Partnern gegenseitig grundsätzlich zu erlauben, ist ein typisches Denkmodell von Männern. Sie argumentieren: Schließlich habe doch jeder ein Recht, auch außerhalb der gemeinsamen Partnerschaft seinen Spaß zu haben – das kräftige den Ehebund. Ich habe bei solcher Begründung immer den Verdacht, daß hier nach der Legitimation einer Heimlichkeit gesucht wird. Das Mißbehagen, den Partner zu betrügen, soll dadurch aus der Welt geschafft werden, daß man ihm offen erklärt, dieser Spaß stünde dem Mann nun einmal zu. Es ist aber ein fundamentaler Irrtum, zu meinen, daß sich auf diese Weise die Probleme, die sich durch zusätzliche sexuelle Beziehungen ergeben, aus der Welt schaffen lassen – im Gegenteil: sie weiten sich im allgemeinen durch eine solche Offenheit zu dramatischen, oft unerträglichen Zerreißproben oder gar Tragödien aus. Das läßt sich an der Praxis immer wieder einmal erfahren. Der Schrei nach „Freiheit in der Ehe" ist ja keineswegs neu, er wurde schon einmal in einer Phase deutscher Demokratisierung, zwischen 1923 und 1933, propagiert und von vielen Ehepaaren bereits damals ernsthaft erprobt. Viele Frauen, gerade die, die sich für flexibel, avantgardistisch und progressiv hielten, gingen auf diese Vorschläge geradezu begeistert ein – um dann oft lebenslänglich an ihren negativen Erfahrungen zu leiden. Das liegt vor allem daran, daß allenfalls für gemütlose, seelisch Kranke oder perverse Erwachsene Sexualität nichts anderes ist als eine Triebbefriedigung, etwa wie die Stillung des Hungers durch einen Topf Erbsensuppe. Für erwachsene Menschen hingegen, deren Gefühlsleben und Kontaktfähigkeit voll entfaltet ist, bedeutet die körperliche Vereinigung weit mehr als eine animalische Entlastung; sie ist Gleichnis des Bedürfnisses, ganz eins zu sein, die Grenzen des eigenen Ichs zu sprengen und zu einem Wir zu verschmelzen. In der Wesenhaftigkeit der körperlichen Vereinigung ist darüber hinaus die Ausschließlichkeit *eines* Paares, eines Mannes und einer Frau enthalten. Dieser Sinn der sexuellen Partnerschaftsbeziehung aber wird zerbrochen, wenn das ausschließliche Wir zweier Ehepartner durch weitere „Wirs" erweitert wird. In der Praxis wird das ganz deutlich daran sichtbar, daß – selbst wenn diese Regelung in vollem Einverständnis beider geschieht – die Ehepartner bald erleben, daß sie sich verloren haben. Das Wir der Partner ist nicht mehr vorhanden, es sind andere Zweierbeziehungen an seine Stelle getreten. Unwillkürlich kommt Entfremdung auf, die eben nun genau das hervorruft, was man durch eine Legitimation der zusätzlichen sexuellen Beziehungen doch meinte vermeiden zu können: eine Entfremdung, die die Scheidung oder jedenfalls die äußere Trennung geradezu heraufbeschwört. Tragischerweise verläuft dieser Vorgang nur in seltenen Fällen parallel; vielmehr ist es üblicherweise so, daß sich *einer* der Partner – meist ist es der Mann – von einer dritten Person, mit der er in sexuelle Beziehung getreten ist, fasziniert fühlt und das wahre Glück gefunden zu haben glaubt, während er in fataler Blindheit gegen das Glück seiner Vergangenheit meint, mit seinem ehemaligen Partner niemals in einer tieferen Kommunikation gestanden zu haben. Diese den zurückgelassenen Partner verbitternde Not der Wir-Sprengung des anderen Partners durch eine neue Liaison ist deshalb besonders tragisch, weil sie auf einer Täuschung beruht. Während in der Glanzlosigkeit eines würdelosen Alltags der Mensch gar nicht darum herumkommt, sich dem anderen in all seiner Fehlerhaftigkeit, in der Armut seines Versagens zu zeigen, trägt der Zauber eines neuen Wir die Illusion der Hoffnung auf Erfüllung höherer Seinsstufen in sich, der den Wunsch mobilisieren muß, das Alte, Falsche, Hinderliche so schnell wie möglich wieder abzustoßen. So führt die sexuelle Freizügigkeit in der Ehe in den seltensten Fällen zu dem einst angestrebten Ziel: nämlich zur lebenslänglichen Dauerhaftigkeit der ersten Verbindung; und wenn sie äußerlich erhalten bleibt, ist sie innerlich doch längst an der tödlich-verletzenden Offenheit, an der Schilderung viel höherer Liebeskünste der zusätzlichen Partner, an der Not von Postkartengrüßen, von tollen Schiffsreisen oder herrlichem Vergnügen am Strand von Mallorca zugrunde gegangen und west morsch dahin – wie ein längst untergegangenes, bemoostes Wrack auf dem Meeresgrund –, endet in Bitternis und Erstarrung.

Die Ursache solcher negativen Verläufe liegt in der Mißachtung der Gegebenheit, daß die intime Wir-Bildung Ausschließlichkeitscharakter hat und nicht teilbar ist. Daß diese Form – sexuelle Freizügigkeit in der Ehe – überhaupt als Norm in Erwägung gezogen wird, liegt daran, daß es relativ viele Menschen, vor allem Männer gibt, die, durch ein spezielles Schicksal in der Kindheit bedingt, eine unbewußte Angst vor einer zu festen Bindung an eine Frau mit sich herumtragen. Und zwar wird diese Angst durch eine zu enge, oft erotisch drängende Beziehung der Mütter zu ihren Söhnen vorbereitet. Mit Recht wehren sich die Kinder dieser Mütter instinktiv und unbewußt gegen eine Fessel, die sie dumpf als existentiell gefährlich erleben. Denn das Inzesttabu schützt mit Hilfe dieser Angst vor dem Sog des Verschlungenwerdens von der „großen Mutter“. Bei Männern, deren Mütter durch ein aufdrängendes, sich liebend gebärdendes Verhalten eine Übersteuerung des Abwehrmechanismus „gefährliches Weib“ haben entstehen lassen, bildet sich gleichzeitig ein Hang zu unverbindlichen Beziehungen zu Frauen, ja gelegentlich sogar zur Bisexualität, das heißt, der Geschlechtstrieb weicht aus Angst vor der Bindung auf das „sichere“ eigene Geschlecht aus. Dieser Typ Mann heiratet gern eine auch selbständige, mehr maskuline, emanzipierte Frau und stößt bei ihr auf Zustimmung in bezug auf die sexuelle Freizügigkeit in der Ehe. Ehen dieser Art sind in höchstem Maße qualvoll, falls die Frau ihren Mann liebt; denn seine tragisch-unbewußte Kindheitsprägung macht ihn zu dauerhafter Partnerschaft unfähig. Generell läßt sich in bezug auf diesen Punkt warnend sagen: Hände weg von den Heiratswünschen mit einem Menschen, der von vornherein den Vorschlag sexueller Freizügigkeit in der Ehe macht. Sein Wunsch kennzeichnet ihn als einen in der Kindheit Verwundeten, der durch Fehlprägung seine Chance zu dauerhafter partnerschaftlicher Bindung oft unrevidierbar eingebüßt hat, ohne daß er diese Zusammenhänge selbst in seinem Bewußtsein hat.

In den letzten Jahren ist ein weiteres neues Modell als Normvorstellung diskutiert worden: die Gruppenehe. Man spricht in diesem Zusammenhang davon, daß die herkömmliche Kleinfamilie zunehmend mehr soziale Isolation bedeute, die vor allem den Kindern das Lernen sozialer Kontakte erschweren und ihre Sozialisation behindern könne. Man hält eine Gruppenehe für geeigneter, Kinder ohne Repressionen zu erziehen, und man hofft, daß das Zusammenleben nicht nur eine finanzielle, sondern auch eine kommunikative Erleichterung darstellt. Aus solcher Argumentation geht eindeutig hervor, daß die Propagierer Illusionisten sind, die meinen, durch Nachdenken und guten Willen ließen sich kollektiv harmonischere Formen des Zusammenlebens finden. Sie versuchen mit Hilfe eines utopischen Wunschdenkens eine künstliche Wirklichkeit herzustellen. Das ist aber eine unzulässige Methode. Verbesserungsvorschläge lassen sich lediglich aufgrund von genauer Beobachtung und daraus resultierender Kenntnis über die Natur des Menschen gewinnen. So haben wir mit Hilfe der Forschungsergebnisse der Psychopathologie ja mittlerweile eindeutige Kenntnisse davon, daß eine kleine Gruppe von Menschen, bestehend aus Vater, Mutter und einigen Kindern, die sozialen Fähigkeiten des Menschen nicht behindert, wenn ein harmonisches Familienleben gelebt wird, sondern für die Sozialisation eine geradezu notwendige Voraussetzung ist. Mehr als 90% der rückfälligen Straftäter haben kein oder ein schwer zerrüttetes Elternhaus! Und die Zahl der Heimkinder, jener von Geburt an im Verband lebenden Kinder, die in ihrer Sozialisationsmöglichkeit zeitlebens behindert sind, ist geradezu Legion. Die besten Voraussetzungen, gruppenfähige Menschen zu werden, haben laut Erfahrung Kinder, die als Säuglinge konstant und liebevoll von einer einzigen, immer derselben Person gepflegt wurden, die im Kleinkindalter in einem beschützenden, überschaubaren Rahmen und Personenkreis Umwelterfahrungen machen, Selbständigkeit und Selbstverteidigung lernen und die im Grundschulalter über die kleine Gruppe Gleichaltriger an das Leben in der Gemeinschaft gewöhnt werden. Aufgrund dieser Erfahrungen läßt sich der Schluß ziehen, daß die gesunde Kleinfamilie ein besseres Fundament für reifes Sozialverhalten legt als eine totale und verfrühte Kollektiverziehung. Kinder brauchen auch in der so wichtigen sogenannten ödipalen Phase das individuelle Vorbild von *einem* Vater und *einer* Mutter, denen sie sich zugehörig fühlen. Sind diese Gegebenheiten nicht vorhanden, schränkt sich ihre Möglichkeit zu optimaler seelisch-geistiger Entwicklung ein. Eine auf diese Weise entstehende kollektive Regression durch eine Auflösung der Kleinfamilien zugunsten von Großfamilien kann aber unmöglich das Ziel solcher Reformvorschläge sein.

Auch unabhängig von dem Problem der Kinderaufzucht lassen sich viele Bedenken gegen dieses Modell anmelden. De facto kann man sagen: Sie bewähren sich nicht. Selbst der Diplompsychologe Kentler, ein begeisterter Propagandist der Großfamilie als neuer Lebensform, gibt zu, daß es zu vielen Schwierigkeiten kommt. Er schreibt: „Die ‚K I‘ in Berlin bewohnt einen einzigen großen Raum. Andere Wohngruppen haben einen Schlaf-, einen Wohn-, einen Eßraum für alle gemeinsam. In beiden Fällen ist der Intimbereich abgeschafft, so daß es keine Rückzugsmöglichkeit der Mitglieder auf sich selbst gibt. Der meist starke Mitgliederwechsel hat meines Erachtens zu einem großen Teil darin seine Ursache. Ständiges Zusammensein wird zum Zwang, unter dem entweder die Gruppe oder das Individuum leidet: die Selbstkontrolle, die vom einzelnen gefordert wird, um Zusammenleben zu ermöglichen, ist auf Dauer nicht durchzuhalten. Erlaubt aber die Gruppe jedem, sich gehen zu lassen, wie es ihm gefällt, ist der Zusammenhalt gefährdet. Wo Wohngruppen längere Zeit existieren, kristallisieren sich – selbst wenn man sich dagegen wehrt – immer wieder Paarbeziehungen heraus. Es ist zu fragen, ob die Kommunen nicht auch heute wieder, ähnlich wie schon in den dreißiger Jahren, in einer Sackgasse enden. Im Augenblick jedenfalls muß man die politische Wirksamkeit der meisten Kommunen gering einschätzen, da sie mehr den Eindruck von Tummelplätzen machen, auf denen einzelne ihre persönlichen Schwierigkeiten exzessiv ausleben können." (Aus: Ist die Ehe überholt? Hrsg. R. Rithe, München 1970.)

In Kommunen, in denen keinerlei Grenzen gezogen werden, kommt es zu einer starken Fluktuation der Mitglieder, meiner Erfahrung nach vor allem deshalb, weil die Frauen an der sexuellen Promiskuität seelisch sehr schnell zerrütten, und zum anderen, weil sich die Mär von der größeren Wirtschaftlichkeit des Verbandslebens als eine Illusion erweist. Die Fleißigen haben es irgendwann doch satt, den Karren für die Faulen und Anspruchsvollen mitzuziehen, und machen sich kleinlaut davon, wenn sie sehen, wie wenig gerecht die Parole von der Chancengleichheit gerade für die ist, die sich verantwortlich fühlen. Sie erleben bald, daß es durchaus eine Ausbeutung der Starken durch die Schwachen gibt, eine Erfahrung, die alle marxistischen Idealisten betroffen macht, wenn sie ehrlich sind, vor der selbst Bert Brecht hoffnungslos fragend kapituliert hat. Die Modellvorstellung der Gruppenehe setzt voraus, daß alle Menschen Engel sind. Da das ein viel zu hoher Anspruch ist, den sie nicht durchhalten können, müssen Projekte dieser Art zum Scheitern verurteilt sein.

Zusammenfassend läßt sich sagen: Großfamilien setzen einen so hohen Stand menschlicher Reife voraus, wie wir ihn im allgemeinen noch keineswegs haben. Das Besitzstreben des Menschen ist nicht anerzogen, sondern ein Antrieb, der die Icherhaltung und Ichabgrenzung stärkt.* Er hindert und stört

* Nähere Ausführungen dazu in: Manipulierte Maßlosigkeit, Herderbücherei Band 401, Seite 39.

ein fruchtbares Miteinander in der Großfamilie. Frauen halten die Vielzahl der sexuellen Beziehungen ihrer Männer noch schlechter aus als die Männer die ihrer Frauen. Denn der seelisch-geistige Status von Frauen im abendländischen Kulturkreis ist im allgemeinen wesentlich höher als der von Frauen in einem Negerkral oder einem orientalischen Harem. Die zur Individualität erzogene Frau läßt sich nicht unbeschadet in ein solches Primitivstadium zurückdrängen. Kinder brauchen *ein* Elternpaar, wenn sie keine Orientierungs- und Sozialisationsschwierigkeiten bekommen sollen. Großfamilien ohne ein gemeinsames übergeordnetes Prinzip – wie etwa einen Hof, einen Betrieb oder eine geistige tragende Idee, für die man gemeinsam kämpft – setzen einen so hohen Stand menschlicher Reife, eine Entbundenheit von Aggressions-, Besitz- und Sexualtrieb aller Gruppenmitglieder voraus, wie er bisher immer nur von besonders weisen einzelnen der Art Mensch erreicht worden ist.

Überblickt man diese Skala der Argumente, so wird deutlich, daß wir heute noch keine Berechtigung haben, die lebenslängliche Einehe als Norm abzuschaffen – im Gegenteil: häufig zeigt es sich, daß in diesen Vorschlägen heimliche Regressionswünsche vorhanden sind als eine Flucht aus der Verantwortung, aus dem Durchhalten entweder in die Illusion des bequemen Versorgtseins in der Gruppenehe oder im infantilen Heischen nach Sofortbefriedigung durch die Abwechslung in der sexuellen Beziehung. Viele Männer, die zum Beispiel um die Lebensmitte aus der Ehe ausscheren und sich „unsterblich" in eine junge Frau verlieben und mit dem Wunsch nach Trennung von der ersten Frau kommen, sind bei näherem Hinsehen keineswegs nur von dem stärkeren sexuellen Reiz der Jugend fasziniert, sondern suchen in einer Projektion nach außen nach Veränderung ihrer selbst. Wenn das Gesetz es solchen Männern erlaubt, sich ihrer alten Frau rasch und mühelos zu entledigen, so blokkiert das häufig die Möglichkeit dieser Männer zu höheren Reifestufen. Denn sie haben ihr inneres Problem nur nach außen verschoben, und da läßt es sich nicht lösen.

Ich habe in meiner Praxis die Erfahrung gemacht, daß man den Wert des Leids, das der Hilfsbedürftige im Ehejoch erfährt, sehr leicht unterschätzen kann. Als Anfänger ist man dann schnell geneigt mitzuhelfen, dem Elend einer unerträglichen

Ehe ein Ende zu machen. Aber häufig zeigt sich nach Auflösung der Ehe und nach dem Eingehen einer neuen, daß der Hilfsbedürftige sein Elend weiter mit sich herumträgt und mit anderen Partnern sehr ähnliche Schwierigkeiten entstehen. Es besteht eine allgemeine Tendenz in unserer Zeit, die Illusion aufzupäppeln, daß man Leid und Elend so schnell wie möglich durch die Veränderung der Verhältnisse aus der Welt schaffen solle und könne. Damit ist es aber in den seltensten Fällen getan! Dauerhaftes Glück des Menschen ist häufig nur durch einen mühsamen Prozeß seelischer Entwicklung zu erreichen – und eine wesentliche Voraussetzung dazu ist der Kampf, das Durchstehen und Überwinden der Nöte und Schwierigkeiten, die sich dem Menschen stellen. Eine Hauptprobe dieser Art ist für uns Menschen die Ehe. Liebe in der Ehe kann, ja darf nicht einmal heißen, sich den siebenten Himmel der Flitterwochen zu erhalten. Eine Ehe ist noch lange nicht irreparabel kaputt, wenn die Partner sich wüst streiten oder wenn Seitensprünge vorkommen. Es gehört zur Ehefähigkeit, aus den Wunden und Nöten lernen zu wollen, sie anzunehmen als Notwendigkeit, um nicht zu erlahmen und mit- und aneinander zu wachsen zu höheren Reifestufen. Das Leid ist nicht abschaffbar, ja es wäre gar nicht einmal wünschenswert, es auszumerzen, solange der Mensch so ist, wie er ist. Ohne die Bejahung der Ehenot gibt es in einer lebenslangen, vierzig- bis fünfzigjährigen Ehe, wie sie heute gar nicht mehr so selten ist, gewiß nicht die reifen Früchte einer erkämpften Übereinstimmung.

Deshalb ist es bei unserem heutigen allgemeinen Status noch weitgehender seelischer Unmündigkeit wahrscheinlich, daß die Auflösung monogamer Strukturen sehr viel mehr seelischen Entwicklungsstillstand und damit letztlich sehr viel mehr traurige Unzufriedenheit und Lebensunerfülltheit hervorruft. Abwechslung, Kurzweil, Unterhaltung sättigen den Menschen ja nicht in der Tiefe seiner Seele. Echte Veränderung ist immer Wandlung des Menschen selbst und nicht seiner Umstände.

Was wir brauchen, sind keine Veränderungen der äußeren Eheformen, sondern der inneren. Das Bedürfnis danach ist auch sehr groß und zeigt sich heute in einer Verschiebung auf die sexuelle Ebene, indem in diesem Bereich unentwegt nach Kolle-Rezepten verfeinert werden soll. Aber die Verfeinerung, die Gestaltung wartet auf uns in den seelischen Beziehungen zwischen den Partnern. Hier ist in der Zukunft noch viel zu lernen an Möglichkeiten, miteinander zu leben und aneinander zu wachsen durch das Gespräch, durch Respekt und Vergebungsbereitschaft, ohne die es kein echtes Glück geben kann.

Viele der modernen, emanzipatorischen Vorschläge, mit denen so drängend dafür eingetreten wird, daß der Mann den Haushalt versorgt, die Kinder wickelt und beaufsichtigt, während man der Frau die „Freiheit des Berufes" zum Genuß macht, sind unbewußt solche verschobenen Bemühungen um eine seelische Partnerschaftsbeziehung. Aber sie sitzen noch auf dem falschen Pferd! Wir können diese unsere eigenen Beobachtungen unterstützen durch eine Untersuchung des Psychologen Bronfenbrenner in den USA, der aufgrund der Erfahrungen mit dem eben geschilderten Modell nachweist, daß die Kinder bei solcher veränderten Rollenverteilung der Eltern keineswegs zu demokratischen Lebensformen vorbereitet werden. Sie neigen vielmehr dazu, wenig verantwortungsbereit und verläßlich zu sein. Bronfenbrenner schreibt:

„Unser Material drängt den Schluß auf, daß die demokratische Familie, die von Fachleuten und aufgeklärten Laien als Modell hervorgehoben und angestrebt wurde, junge Menschen hervorzubringen neigt, die nicht die Initiative ergreifen, zu anderen um Führung und Entscheidung aufzublicken, und bei denen man sich nicht darauf verlassen kann, daß sie ihre Verpflichtungen erfüllen" (s. Bronfenbrenner, U.: Wandel der amerikanischen Kindererziehung, in: L. von Friedeburg [Hrsg.], Jugend in der modernen Gesellschaft, Köln/Berlin 1965, S. 329).

Es ist dringend an der Zeit, daß die jungen Menschen hinter diesen modischen Tendenzen, die Rollenunterschiede zu nivellieren und im Extrem die Rollen direkt zu tauschen, ihr Bedürfnis nach vertiefter Partnerschaft entdecken. Sie freilich ist nötig dergestalt, daß die Männer weniger in bezug auf Dienstleistungen im Haushalt als in bezug auf seelische Hellhörigkeit bei ihren Frauen in die Schule gehen, denn meistens sind sie die Begabteren auf diesem Feld. Viele Männer sind so sehr zum Verdrängen ihrer Gefühle erzogen worden, daß sie gewiß nicht die ihrer Partner und nur grob und undifferenziert ihre eigenen wahrnehmen, davon aber nur die positiven; die negativen werden verdrängt, aber dann ohne jede Bewußtheit darüber auf den Partner projiziert. Solche Männer kommen nach einem

Ärger im Beruf übellaunig nach Hause und sagen mit aggressivem Kopfschütteln zu ihren Ehefrauen: „Um Himmels willen, was hast du für eine Laune!" – und das, obgleich die Ehefrau den Partner in strahlender Heiterkeit erwartete. Solche Männer müssen am Verhalten ihrer Frauen allmählich umlernen, daß sie einen Partner an ihrer Seite haben, der voller Bereitschaft ist, alle Kümmernisse des anderen mitzutragen, selbst dann noch, wenn er falsch gehandelt hat, wenn er sich eigentlich sagt, daß der Ärger durch das eigene Versagen entstanden ist. Irreale, aus der Kindheit starr beibehaltene Reaktionsweisen können nur in einem liebevollen Korrigieren aneinander gelöst werden. In manchen Fällen ist auch der Mann auf diesem Wege weiter und muß seiner Partnerin helfen, aus einem eingefahrenen Gleis eines „Übertragungsschemas" herauszufinden. Die Voraussetzung zu einer solchen Partnerschaft ist nicht eine langjährige psychologische oder psychoanalytische Fachausbildung, sondern die Übereinstimmung in der Einstellung, einer Vertiefung und Erweiterung seiner seelischen Entwicklung bedürftig zu sein. Wer sich für absolut fertig und für unfehlbar vollkommen hält, ist in *diesem* Sinne nicht ehefähig. Menschen, die sich für fehlerlos halten, sind – auch in der Ehe – genötigt, Diktaturen zu errichten, weil diese Einstellung bereits ein Beweis dafür ist, daß sie in ihrem eigenen Seelenhaushalt Gefühlsunterdrückung betreiben. Ehen, die unter der Diktatur *eines* Partners stehen, sind nicht entwicklungsfähig. Sie halten den Unterdrückten in einem Status infantiler Stagnation fest, der ihn entweder seelisch-körperlich, ja geistig krank machen kann – oder die „Revolution", seinen Ausbruch, ganz gleich ob als Ehescheidung oder Ehebruch, vorbereitet.

Gegen Diktatur, gegen die unbewußten Machtansprüche der Ehepartner gegeneinander kann nur die leidenschaftliche, bewußte Ablehnung von Diktatur helfen. Es sollte zum inneren Ehevertrag gehören, sich gegenseitig auf Grenzübertretungen und Machtanmaßung aufmerksam machen zu dürfen, in dem Wissen, daß fast alle Menschen (die ältesten und Einzelkinder am wenigsten, Menschen, die mitten in einer kinderreichen Familie standen, am meisten) dazu neigen, das miteinander Konkurrieren der Kinderjahre aus ihrer Geschwisterproblematik mit in ihr Eheleben hinüberzutragen.

Ein Paar kann sich ohne eigentlichen Grund in eine tiefe

Ehekrise hineinmanöverieren, weil beide in sinnlosem Wiederholungszwang ihr Konkurrieren, ihr Gieren um den „Platz an der Sonne" im elterlichen Nest ausagieren.

Gegen solche unreifen Formen des Miteinanderlebens wehrt sich die junge Generation mit Recht. Die Vehemenz, mit der die jungen Väter (theoretisch) in den Haushalt drängen, zeigt an, daß hier ein unbewußtes Problem mit Druck zur Lösung drängt; denn nicht die *äußere* Mitarbeit würde die angestrebte Erleichterung bringen – die *innere* ist unumgänglich geworden.

Ist ein junges Paar sich erst einmal bewußt, daß es eine der Hauptaufgaben der Ehe ist, sich gegenseitig und miteinander in liebendem Annehmen aller Schwächen – der eigenen und der des Partners – zu erziehen, sich gegenseitig wie zwei Bergsteiger am gleichen Seil voranzuhelfen und abzustützen, so wird nicht jede kritische Bemerkung der Beginn eines wochenlangen Streites werden. Denn man weiß und freut sich daran: Diese Kritik will nicht verletzen, will nicht zerstören oder die totale Herrschaft errichten – sie will (und der Ton macht hier weitgehend die Musik) dem anderen helfen, aufgrund seiner Einsicht Teufelskreise zu durchbrechen.

Eheformen dieser Art in größerer Zahl zu gestalten ist eine brennende Zukunftsaufgabe der jungen Generation. Aber sie wird erst dann verwirklicht werden können, wenn die inneren Bedürfnisse nicht mehr mit künstlich ausgedachten äußeren verwechselt werden.

Die Bewältigung der zweiten Lebenshälfte im Dasein der Frau

Der Jugend gehört die Zukunft, die Jugendlichen verstehen und ihre Wünsche beachten gilt heute als fortschrittlich. Wer fragt hingegen nach den Älteren? Wer versucht *sie* zu verstehen, welcher junge Erwachsene hat Respekt vor dem Ruhebedürfnis, der Notwendigkeit anderer, stillerer Lebensformen jenseits der Mitte des Lebens? Der Wert der Älteren als „Ratgeber" ist durch bessere Informationsmöglichkeiten herabgesetzt worden und abhanden gekommen – als Hausmagd und Hausknecht sind die Großeltern heute durch ihre erwachsenen Kinder allenfalls in ein hartes, sie oft überforderndes Joch gespannt. Dabei verkennen wir in einer gefährlichen Weise, daß auch die zweite Lebenshälfte einen besonderen Sinn hat im Leben des Menschen, daß hier gerade innerseelische Aufgaben auf ihn warten, die er genauso und in einer ihn schädigenden Weise verpassen kann wie die Lebensaufgabe der aktiveren Jahre. Im folgenden soll von ihnen im Hinblick auf die innere Entwicklung der Frau die Rede sein.

Die zweite Lebenshälfte beginnt für die meisten Frauen etwa mit dem Erreichen des vierten Lebensjahrzehnts. Sie unterscheidet sich wesentlich von der ersten: In der ersten Lebenshälfte geht die Frau im allgemeinen der Aufgabe nach, sich in der Welt einen Platz, eine Stellung zu erarbeiten oder zu gewinnen, diesen Platz auszubauen und zu gestalten. Die realen Früchte machen das Geschehen sinnvoll und wirksam: Irgendwann trotz Krieg und Schicksalsschlägen, die verzögert und blockiert haben, erreichen die meisten ein äußeres Ziel, das ihnen lebensnotwendig erscheint, einen Lebensraum, aus dem heraus eine Ehe geführt und Kinder aufgezogen werden, oder bei der unverheirateten Frau eine Position, in der sie die erlernten Fähigkeiten zur Auswirkung bringen kann. In dieser ersten

Lebenshälfte ist die Frau im allgemeinen nach außen gerichtet und auf den Aufbau bedacht, und sie hat meistens Wichtigeres und Notwendigeres zu tun, als sich mit sich selbst zu beschäftigen und sich auf sich selbst zu besinnen. Diese extravertierte Haltung nimmt mit dem Beginn der zweiten Lebenshälfte ab. Oft werden die Inanspruchnahmen durch äußere Pflichten noch nicht einmal geringer, aber sie spielen sich ein – durch die Übung in der Handhabung, gleich, ob in der Kinderpflege oder in der Berufsausübung –, überall setzt das Gleichmaß der Routine und das Wegfallen des Kampfes um die Lebensposition neue Kräfte frei.

Dadurch entsteht ein seelisches Vakuum, das nach Ausfüllung heischt. Es ist daran erkennbar, daß Fragen auftauchen, an die vorher nicht gedacht wurde, etwa: „Und wenn die Kinder groß sind – was dann?“ Oder der berufstätigen Frau kommen Gedanken wie: „Und dieser grämlich-gleiche Alltag – ist das alles?“ oder „Hat das Leben überhaupt noch einen Sinn, wenn ich älter werde?“ Solche Fragen wollen ernst genommen sein und bedürfen einer nachdenklichen Beschäftigung mit ihnen. Weicht man ihnen aus und füllt den leeren Raum mit zusätzlicher Zerstreuung, meint man, daß man mit dem Erreichen äußerer Ziele jeder vorbereitenden Zukunftsarbeit ledig ist, so wird man eines Tages die verpaßte Entwicklung als einen deprimierenden Mangel festzustellen haben.

Gibt es für die Frau überhaupt eine seelische Entwicklung, und wie sieht diese Entwicklung aus? Allgemein läßt sich dazu sagen: Sie muß ein Streben nach Ergänzung, nach Abrundung, nach Vervollkommnung sein, d.h., was unterentwickelt blieb, muß nachvollzogen werden, was überspitzt war, muß abgebaut werden, was verdrängt und eingeschnürt war, weil es unbrauchbar und gefährlich schien, muß um der Rundung willen gelöst und eingeordnet werden. Dazu bedarf es zunächst eines Bewußtwerdens von speziellen Formen einseitiger Entwicklungsmöglichkeiten im Leben der Frau. Anhand von Situationsschilderungen soll diese Behauptung konkretisiert werden.

Vor einigen Jahren berichteten die Zeitungen über einen sensationellen Mord: Eine Mutter hatte ihren Sohn umgebracht in der Nacht vor dem Morgen, an dem er heiraten wollte. Eifersucht auf die Schwiegertochter, die Tatsache, daß der Sohn im Begriff stand, die Mutter zu verlassen, waren die Tatmotive.

Die Frau war, wie es in den Berichten hieß, eine außerordentlich bemühte, aufopfernde Mutter gewesen, eine Witwe, die sich ganz dem Wohl und Fortkommen ihres Sohnes gewidmet hatte. Sie hatte ihn zeit seines Lebens so behütet, so in ihre Fürsorge eingebettet, daß es ihr unmöglich schien, daß er jetzt ohne sie leben könnte. Ihre Liebe, von der sie meinte, daß sie allein ihm genug davon geben könnte, gipfelte in dem grausigen Mord. Worin liegt die tragische Schuld dieser Frau? Sie liegt darin, daß sie ausschließlich ihren Muttertrieb ausgelebt, entwickelt und schließlich ins Maßlose übersteigert hatte. Die Maßlosigkeit äußerte sich vor allem darin, daß die Frau meinte, nur sie selbst könne den Lebensnotwendigkeiten ihres Sohnes gerecht werden, nur sie selbst könne ihm die Schwierigkeiten aus dem Wege räumen. Die Maßlosigkeit ihrer Mutterschaft lag in diesem: Ich allein weiß, was für mein Kind richtig ist. Dieses „ich allein" enthält eine Übertreibung des Ichhaften, so mütterlich-liebend es sich gebärden mag. Es verrät ein unberechtigtes Ausmaß von Macht, von Eigenmächtigkeit. Diese Hypertrophie des Ich, die in der mütterlichen Verkleidung meist völlig unbewußt ist, mißachtet die Tatsache, daß nicht der Mensch den Lebensweg eines anderen bestimmen kann, auch nicht eine Mutter den ihrer Kinder, und daß jeder einzelne seinen eigenen Schicksalsweg hat. Selten eindeutig zeigt dieses krasse Beispiel die Gefährlichkeit einer instinktiven Über-Mütterlichkeit. Alle Mütter, die ihre Erziehungsaufgabe ernst nehmen, deren Muttertrieb undifferenziert und unbewußt ist, stehen meistens, ohne es zu ahnen, in der Gefahr, sich einseitig an ihre Mutteraufgabe zu verlieren und durch einen Übereinsatz auch das Kind zu überfordern, nämlich ausschließlich das Geschöpf des Willens der Mutter zu sein und zu bleiben. Mütterlichkeit hat ein doppeltes Gesicht: das der guten, bergenden, beschützenden, fördernden Mutter und das der bedrohenden, einengenden, ja der verschlingenden und der tötenden Urmacht. In den Märchen ist dieser Aspekt der Natur und seine Überwindung immer wieder in herrlichen Symbolen gezeichnet: im schwarzen Wolf, der das Rotkäppchen frißt, in der Hexe, die den Hänsel einsperrt und mästet, um ihn zu fressen, in der bösen Fee, die das Dornröschen hundert Jahre totenstarr werden läßt, in der vergiftenden Stiefmutter des Schneewittchens – um nur die bekanntesten Beispiele zu nennen. Es gehört zur Entwicklungsaufgabe der Frau in der zweiten Lebenshälfte, soweit sie Mutter ist, sich dieser Gefahr bewußt zu werden und sie abzubauen, nicht nur zugunsten der Kinder, sondern auch um ihrer selbst willen. Zu einer vergewaltigenden Fehleinstellung gehört es etwa, daß eine Mutter den Berufsweg ihrer Kinder nach ihren eigenen Wünschen – und oft sind das lediglich Wünsche eines gesellschaftlichen Prestiges – bestimmt, ohne die Eignungen und Begabungen des Kindes in Rechnung zu stellen. Zu ihr gehören die verbrämten Gehorsamsforderungen, das Heischen nach Dankbarkeit der Kinder als Lohn für das ‚Opfer' der Mutter, aber auch – in noch größerer Grausamkeit – die dem Kind alles abnehmende Haltung. Solche Kinder werden seelisch nicht selbstständig. Sie bleiben dadurch entweder in ewiger Kindlichkeit an ihrer Mutter hängen – aufgefressen oder vergiftet, wie es das Märchen ausdrückt –, oder sie lösen sich mit mehr oder weniger großer seelischen Schädigung in gewaltsamen, übersteigerten Trotzphasen und Brüchen von der Mutter ab. Solche Mütter stehen aber dann vor einem ihnen völlig entleert scheinenden Dasein, weil sie durch allzu große Ausschließlichkeit eine ihrer wesentlichen – aber nicht ihre einzige – Lebensaufgabe übersteigert haben.

Frauen, die in der Gefahr sind, ausschließlich Muttertier zu bleiben, bedürfen einer inneren Distanzierung von ihren Kindern und einer Hinwendung zu eigenen Interessen und Begabungsrichtungen, die sie in der ersten Lebenshälfte wegen der dringlichen äußeren Pflichten nicht zu pflegen und auszubilden in der Lage waren. Das soll aber nicht heißen, daß es wünschenswert wäre, die mütterliche Aufgabe zu vernachlässigen. Zu hegen und zu pflegen, zu wärmen und zu beschützen ist allemal unumgänglich in einem Mutterleben – aber es steht schlimm, wenn die Mutter sich göttliche Führungsmacht anmaßt. Jedes Kind trägt eben seine eigene Gesetzlichkeit in sich, die wir niemals ohne Schaden nach unserem Willen umbiegen können, und die Mutter bedarf des Vertrauens, daß das Kind dem ihm selbst gemäßen Leben zuwachsen wird.

Für Mütter mit einem stark ausgebildeten Behütungsbedürfnis ist es sehr schwer, sich von einer übermächtigen Verwirklichung dieser Wesensseite in der zweiten Lebenshälfte zu trennen. Manche Frauen verstehen sich das Glück junger

Mutterschaft kurz vor Toresschluß noch einmal zu erschleichen. Ich habe in meiner Praxis die Erfahrung gemacht, daß viele Nachkömmlinge keineswegs aus „Pannen“ im Eheleben hervorgegangen waren, sondern ihre Entstehung dem schließlich durchgesetzten Wunsch ihrer Mütter verdanken, auch in den nächsten zwanzig Jahren noch ein Kind im Hause zu haben, für das man sorgen könne, die sich vor dem Eintritt und der Bejahung der zweiten Lebenshälfte mehr oder weniger bewußt fürchteten, weil ihnen das Leben allein in der Verwirklichung aktiver Mutterschaft sinnvoll erschien. Aber auch bei den vielen Großmüttern, die im letzten Jahrzehnt ihren Enkeln die Mutter als Erzieherin vollständig ersetzt haben, findet sich häufig bei genauerem Hinsehen eine ähnliche Motivation. Bis am Beginn der siebziger Jahre die „Pille“ ihren Siegeszug hielt, entstand nämlich mit dem Aufkommen sexueller Freizügigkeit in immer mehr Familien die Situation, daß die jungen Töchter sich durch eine Schwangerschaft zur Eheschließung gedrängt sahen, obgleich das Nest noch nicht fertig, die Ausbildung noch nicht abgeschlossen war. Der Schock über diese Situation, die „Schande“ vor den Nachbarn war rasch überwunden; denn in den allermeisten Fällen waren die werdenden Großmütter bald bereit, sich vor den Karren zu spannen. Da wurde eine Wand gezogen, ein Herd neu gesetzt, aus einem Mädchenzimmer ein Zweibettzimmer oder ein Wohn-Schlafzimmer gemacht, der oft noch recht kindliche Schwiegersohn mit unter die mütterlichen Flügel gehievt und vor allem das Baby mit großer innerer Anteilnahme sofort nach dem Klinikaufenthalt der Tochter unter die eifrig bemühte Großmutterobhut genommen, während die jungen Leute weiter ihrer Ausbildung und oft auch einem recht unbekümmerten Feierabend- und Urlaubsleben nachgingen. Aber abgesehen davon, daß diese Situation nur scheinbar, nur zunächst die Probleme löst, weil es meist schon nach kurzer Zeit zu Auseinandersetzungen um die Erziehung des Kindes, zu Eifersüchteleien und Kompetenzstreitigkeiten kommt, die für eine klare Lebensorientierung von Kindern durchaus schädlich sein können, manövriert sich die Großmutter auf diese Weise in eine Lage hinein, die ihrem Lebensalter nicht entspricht. Sie spielt noch einmal die *junge* Mutter, die junge Hausfrau, mit allen Arbeitsbelastungen, mit aller Nervenkraft, die ihr in dem erforderlichen Ausmaß oft gar nicht mehr zur

Verfügung steht. Sie soll dem lauten Spielbedürfnis des kleinen Kindes ebenso gerecht werden wie dem Ruhebedürfnis des bereits pensionierten Großvaters, sie soll Entscheidungen in der Erziehung fällen, zu der ihr die unbekümmerte Robustheit der jungen Jahre fehlt – sie ist aus Verantwortungsgefühl ängstlicher, unsicherer, verwöhnender, als es die junge Mutter selbst wäre; Großmutterkinder neigen daher später häufig zu Bequemlichkeit, zu Passivität, zu Riesenansprüchen, ihnen wurden zu rasch, zu oft die Wünsche von den Lippen abgelesen – nur damit Friede und Ordnung im Hause erhalten blieben. Aber abgesehen von der Überforderung der körperlichen und seelischen Kräfte bringt die Versorgung einer neu vergrößerten Familie – die erwachsenen Kinder gewöhnen sich oft nur allzu rasch an den Zustand, bekommen mehr Kinder, die die Großmutter wiederum aufzieht, während sie im Beruf und damit in einem unabhängigeren Leben bleiben – abgesehen von dieser Situation also setzt die Führung eines großen, unruhigen Haushaltes die ältere Frau nicht frei für die eigentlichen Aufgaben der zweiten Lebenshälfte, sondern bannt sie in einer Situation fest, die in zunehmendem Maße ihrem Alter nicht mehr entspricht. Das kann zu Unzufriedenheit und Gereiztheit, ja zu nervösen Leiden führen, die dann dazu zwingen, in einem Krankenhaus oder einer Kuranstalt die eigene Situation zu überdenken. Die Schmerzen, die „Organsprache" der Seele, können etwas aussagen und – wenn auf sie gehört wird – eine bewußte Veränderung der Situation bewirken; denn eine Frau, die zwanzig bis dreißig Jahre lang die Mühsal und tägliche Last eines Haushaltes und der Aufzucht ihrer Kinder auf sich genommen hatte, hat nicht nur das Recht, sondern auch das innere Bedürfnis nach weniger bewegten Lebensformen. Wenn sie aber dieses Bedürfnis verdrängt, mit ärmelhochkrempelnder Erziehungswut ihre Enkel vereinnahmt und auf diese Weise mit dem Muttertrieb Wucher treibt, wird es sich schließlich durch einen „nervösen Zusammenbruch", durch ein Leiden Gehör verschaffen.

Es lohnt sich, Weisungen solcher Art nicht zu überhören, zu verstehen und nach neuen Wegen einer Bewältigung der zweiten Lebenshälfte zu suchen. Bevor ich darauf eingehe, wie sie aussehen könnten, möchte ich aber noch auf eine weitere Gefahr der Entwicklungsbehinderung eingehen; denn eine nicht selten vorkommende Variante der Vergötzung des mütterlichen Ichs ist die Vergötzung des zivilisierten Ichs der Frau, die Übertreibung der Hausfrauentugenden. Sie ist dadurch gekennzeichnet, daß der Gott der Liebe dem Abgott der Zivilisiertheit, der Ordnung, der Sauberkeit und Gepflegtheit geopfert wird. Wenn alle Menschen wüßten, wie gefährlich, wie schädlich eine übertriebene Gewissenhaftigkeit im Haushalt für die Seele der Frau, der Kinder und für die Familie überhaupt ist, sie würde nicht länger so hoch in der Wertung der Allgemeinheit stehen. Nicht umsonst gibt es den Ausdruck „Putzteufel". Er ist ein Teufel im wahrsten Sinne des Wortes, weil er sich, abgetrennt von aller Natürlichkeit, einer Übertreibung hingibt. Gemeint ist die Frau, die drei Glanzstuben besitzt, aber nicht eine Ecke, in der die Kinder spielen dürfen. Gemeint sind die Mütter, die ihre Kinder verprügeln, wenn sie schmutzig vom Spielen nach Hause kommen, die ihre Kinder zu Drahtpuppen ihres starren Systems zu verbiegen trachten – alles unter dem Siegel von Anstand, Sitte und Gehorsam. Gesunde Kinder wehren sich freilich mit der ganzen Kraft ihres natürlichen Instinktes gegen solche Verzerrungen. Deshalb ist das Leben solcher Mütter in einer spezifisch tragischen Weise unglücklich; denn der Schmutz, die Unordnung, der Trotz und der Ungehorsam ihrer Kinder werden im Jugendalter ebenso groß wie ihre Putzsucht, wenn die Kinder vital genug sind. Ist der Putzteufel stärker, so entstehen Neurosen und Charakterverbiegungen. Die Kinder beginnen zu stottern, oder sie bekommen Asthma, viele werden übergefügig-lahm und ängstlich. Die vom Putzteufel gebrochenen Kinder aber werden wieder Putzteufel als Mütter und Haustyrannen als Väter. Die Frauen, die das Bedürfnis nach schöner Ordnung mißbrauchen, indem sie es zu einem Machtinstrument erhöhen, nehmen nun freilich von Jahrgang zu Jahrgang ab – denn sie sind Opfer eines zur Zwanghaftigkeit erziehenden Stils der eigenen Mütter, der heute seltener praktiziert wird –, aber dennoch geschieht es bei *älteren* Frauen leider noch relativ häufig, daß ihr übersteigertes Ordnungsprinzip nach dem Flüggewerden der Kinder zu einer peinlich unfruchtbaren Beschäftigungsneurose wird. So wurde mir vor einiger Zeit berichtet, daß eine Hausfrau fünf Stunden pro Tag am Hochglanz ihrer Küche putzte, den täglichen Abwasch und das Kochen aber in mühsamer Mehrbelastung im Keller erledigte, weil sie die Beschädigung ihrer Küche einfach nicht ertragen konnte.

Wie aber sollten Mütter dieser Ausschließlichkeit entgehen, die zu nichts anderem führt als zu einem Versanden ihrer eigenen Entwicklung? Das ist eine Frage, die sich schwer allgemein beantworten läßt. Jede Frau muß mit sich zu Rate gehen, wofür sie Interessen und Neigungen hat, ohne sie bisher verwirklicht zu haben. Häufig liegen sie als ein reicher Schatz im Grund verborgen und warten nur darauf, gehoben zu werden. Dabei kommt es nicht darauf an, daß der Außenwelt aus der Pflege solcher Interessen sichtbare Leistungen erwachsen. Das ist von sekundärer Bedeutung. Wesentlich ist zunächst der Wert für die persönliche Entwicklung der Frau selbst. Denn mit der Verwirklichung der bisher ungenutzten oder ungelebten Fähigkeiten wird ihre Person reifer und abgerundeter. Die Wirkung ist durch das beglückende Gefühl von gesteigerter Kraft allein schon sinnvoll. Die Ausstrahlung auf die Umwelt gibt darüber hinaus den Anstoß zu wechselseitigem Erfreuen und bildet damit ein sich stets erneuerndes Kraftreservoir.

Um herauszufinden, wie diese noch unentwickelten Fähigkeiten aussehen, bedarf es manchmal einigen Experimentierens. Oft genügt ein Besinnen auf alte Neigungen. Grundsätzlich läßt sich sagen, daß es für Frauen, die ausschließlich in der Mutter- oder Hausfrauenrolle ihr Leben erfüllten, von großem Gewinn ist, wenn sie allmählich ihre geistigen Fähigkeiten wieder zu pflegen beginnen. Denn zur Ergänzung der Persönlichkeit gehört unbedingt die Pflege des Gegensätzlichen, Ungelebten. Diese Pflege geistiger Interessen kann in einer lebendigen Beobachtung des Zeitgeschehens bestehen. Nachdenklichkeit und ein bewußteres Leben mit und in der Zeit kann sich entwikkeln. Aber auch auf jedem anderen Gebiet lassen sich die Kräfte des Geistes in einer der Frau adäquaten Weise fördern – etwa in gärtnerischer Gestaltung und Planung, in Kleiderentwürfen, in Brief- und Tagebuchschreiben, in der Pflege von Fremdsprachen oder im Übernehmen einer Verwaltungsaufgabe. Die Reihe ließe sich beliebig verlängern; denn weniger entscheidend ist die Art des Gebietes, als daß mit Lust und Ernst geistiges Material nicht nur konsumiert wird, wie es sich uns ja mühelos überall – im Fernsehen, Zeitschriften und Rundfunk –

anbietet, sondern daß wir die uns ferner liegenden, aber zur Ergänzung notwendigen Gebiete mit in unser Leben einbauen.

Indem die einst zurückgestellten Fähigkeiten und Neigungen wieder gepflegt und zur Entfaltung gebracht werden, kann auch echtes Großmutterdasein besser verwirklicht werden, das zu vertiefter Lebensfreude beiträgt. Damit ist eben gerade nicht die Übernahme des Karrens der erwachsenen Kinder gemeint, sondern die gelegentliche Hilfe, der Besuch in größeren Abständen in den Familien der Kinder. Daß die Großmutter einmal einhütet, wenn die Eltern verreisen, daß sie gelegentlich die Betreuung der Kinder am Abend übernimmt, wenn die Eltern einmal fort wollen, ist der Frau in der zweiten Lebenshälfte sehr viel mehr angemessen, läßt die Hilfeleistung nicht zur selbstverständlichen Gewohnheit werden und gibt daher auch viel mehr Anlaß zu beglückender Dankbarkeit von Kindern und Enkeln. Dabei ist es sinnvoll, die Grenzen der Hilfsbereitschaft rechtzeitig abzustecken. *Bevor* die Töchter Kinder in die Welt setzen, sollte klar ausgesprochen sein, daß die Mutter nicht bereit ist, ihnen die Aufgabe der Kinderaufzucht abzunehmen, auch dann nicht, wenn dabei eine angefangene Berufsausbildung zunächst abgebrochen werden muß, und zwar nicht aus Dickköpfigkeit oder Egoismus, sondern weil sie erkannt hat, daß Großmuttererziehung bei aller Bemühtheit allenfalls das Zweitbeste für den Enkel sein kann. Eine solche Einstellung bedeutet keineswegs eine Ablehnung der Großmutteraufgabe – nein, sie ermöglicht diese gerade erst. Als Großmutter, die man besucht oder die gelegentlich zu Besuch kommt, kann die ältere Frau diese Rolle nämlich sehr viel sinngemäßer ausführen. Sie kann für die Enkel die liebevolle Person sein, die für sie Zeit hat, zu besinnlichem Erzählen, zu fröhlichem Gesellschaftsspiel, die alte Bilder hat und die vergangene Zeit kennt. Auf diese Weise kann sich in den Enkeln ein Gefühl für Tradition entfalten, kann – besonders im Erzählen von Märchen und Sagen – die gefilterte Weisheit vergangener Geschlechter herüberleuchten. Diese Funktion der Alten in der Familie droht uns heute in einer gefährlichen Weise abhanden zu kommen. Wenn zum Beispiel die beiden Großmütter um die größere Liebe des Enkels durch wahllose Fernseherlaubnisse, durch ein Konkurrieren mit immer größeren Spielzeuggeschenken geradezu buhlen, tun sie allenfalls sich, niemals aber dem Kind einen Gefallen; denn sie verziehen das Kind zu einem Intriganten, einem Strategen des Ausspielens zweier Parteien gegeneinander. Eine echte Großmutter ist eine still beobachtende, eine hellhörige Erzieherin, die die feineren Töne in dem Kind hervorzulocken versteht, die ihm durch ihr So-Sein Achtung und Ehrfurcht vor der Vergangenheit einflößt; denn es sollte auch heute noch die Aufgabe der Großeltern sein, die Brücke zwischen Altem und Neuem, zwischen Vergangenheit und Zukunft zu schlagen. Je mehr sie in der Lage sind, das Geistesgut der Alten in lebendigen Erzählungen weiterzugeben – an die kleinen Kinder bereits durch immer wiederholte, von ihnen geliebte Geschichten –, in dem Maße haben wir Aussicht, daß wir durch eine übersteigerte Betonung des Gegenwärtigen keinen Wirklichkeitsverlust erleiden; denn ein Kollektiv, das die Schiffe der Tradition – und damit den Erfahrungsschatz der Alten – hinter sich verbrennt und meint, sie durch intelektuelle Information allein ersetzen zu können, begibt sich ohne ausreichenden Rückhalt auf die Fahrt in die Zukunft, und das bedeutet eine emotionale Schwächung, die die Bewältigung von Krisenzeiten in Frage stellt.

Wenn also die Frau in der zweiten Lebenshälfte die zukunftsfördernde Aufgabe ihrer Großmutterschaft im Bewußtsein hat, kann sie hier Wesentliches vollziehen, *ohne* den erwachsenen Kindern aus drängelndem Machtanspruch das Steuerrad noch entreißen zu wollen oder sich in die Dienstmagdrolle einer unentbehrlichen Exekutive drängen zu lassen.

Manche Familienmütter entdecken bei dem Horchen auf altersentsprechende Bedürfnisse, daß es für sie notwendig wird, noch einmal berufstätig zu werden. Dabei dreht es sich keineswegs stets nur um die Gruppe von Frauen, die um der Familie willen einen *geliebten* Beruf an den Nagel hängten, sondern oft gerade um die, die niemals wirklich unabhängig waren, die von der Bevormundung durch die Eltern in die Abhängigkeit von der Zahlfreudigkeit des verdienenden Ehemannes gerieten. Gerade diese Frauen haben es oft nötig, sich selbst zu bestätigen, daß sie auch alleine in der Lage sind, sich ihren Lebensunterhalt zu verdienen, ja die es als Befreiung erleben, daß sie sich den Traumhut oder -mantel vom selbstverdienten Geld leisten können, ohne erst um Erlaubnis fragen oder mit Eva-Listen dem Ehemann die Taler aus der Tasche ziehen zu müssen. Frauen, die diesen Weg nötig haben, müssen sich aber darüber im klaren sein, daß es sich dabei um ein Nachholen lebensnotwendiger Selbständigkeit handelt und daß das Berufsleben, um jeden Preis oder um der Anpassung an einen kollektiven Trend allein vollzogen, die Erfüllung der zweiten Lebenshälfte nicht zu erbringen vermag.

Anders sieht die Sache bereits aus, wenn es sich nicht um irgendeine Tätigkeit handelt, mit der die materielle Unabhängigkeit dokumentiert wird, sondern wenn die Frau in einen geliebten Beruf zurückstrebt, der ihr *Berufung* ist, den sie nur um der Familie willen aufgab. Die Verwirklichung einer speziellen Begabung, das Mittun an überpersönlichen Aufgaben kann großes inneres Glück und optimale Befriedigung für die nächsten zwei, drei Jahrzehnte jenseits der Vierzigjährigkeit bedeuten – aber auch dann nur, wenn die Frau es schafft, die verringerte körperliche Leistungsfähigkeit mit als einen ernst zu nehmenden Faktor in ihre Lebensplanung einzubeziehen – in dem Wissen, daß die Bewältigung der zweiten Lebenshälfte nicht mehr allein durch Aktivität draußen, sondern zunehmend mehr durch innere Aktivität zu leisten ist. Berufstätigkeit in der zweiten Lebenshälfte der Frau sollte daher Halbtagsarbeit sein.

Es ist aber eine irreführende Übertreibung zu meinen, wieder berufstätig zu werden, sei der einzige und allein angemessene Weg für jede Frau, um entwicklungsfähig zu bleiben. Der Umgang mit der Welt und die Bewältigung des Lebens durch einen Beruf ist ganz sicher nicht die einzige Möglichkeit, um zu innerseelischer Reife zu kommen. Unter einer solchen Tendenz wird die äußere Anregung als Entwicklungsstimulans für den älteren Menschen häufig überschätzt. Sehr oft fehlt es dem modernen Menschen heute nicht an Reizen zur Verbreiterung, sondern am Herbeiführen von Situationen zur Vertiefung seiner Interessen.

Zu Aufgaben dieser Art gehört auch eine Belebung der ehepartnerschaftlichen Bezüge. Es ist ein gewaltiger Unterschied für eine Familienmutter in der Beziehung zu ihrem Mann, ob sie ein Nest voller Kinder hat oder ob diese bereits ausgeflogen sind! Mit den gepackten Koffern des Jüngsten setzt eine Phase, ja eine neue Möglichkeit zu vertiefter Zweisamkeit ein. Das ist in einer zwanzig-, fünfundzwanzigjährigen Ehe leichter gesagt als getan. Die Grenzen sind gesetzt, die Rollen verteilt,

Ehen, so meint Anne Morrow-Lindbergh, sind feste Gehäuse wie Austernschalen. Es gehört ein bewußter, gemeinsamer Wille dazu, die erstarrte Form nicht zur leeren Hülle werden zu lassen, sondern die Klammern des Gewohnten aufzubrechen um der gemeinsamen seelischen Substanz willen. Lebendige Partnerschaft zu erneuern, zu pflegen und zu halten heißt: den Stunden der Gemeinsamkeit mehr Raum zu geben: in einer ausgedehnteren Mittagsstunde bei Kaffee und Zeitung, die zu Gesprächen über das Tagesgeschehen anregt, durch gemeinsame Spaziergänge in der Natur, die Gelegenheit zu intensiveren Gesprächen geben, durch Versuche, sich in die Interessen des Partners stärker hineinzuleben, durch gemeinsame Reisen, Autofahrten, durch Theaterbesuche oder den regen Austausch nach einem Fernsehstück. Die Generation unserer Ehemänner hat es noch schwer, den existentiellen Wert seelisch-geistiger Partnerschaftsbezüge zu erkennen und daran mitzugestalten – zu sehr wurden sie in das Rollenschema männlicher Tüchtigkeit gepreßt. Die auf diesem Gebiet meist spontan begabteren Frauen haben hier ein großes beglückendes Betätigungsfeld: Sie können ihre Männer lehren, die eigene Gefühlswelt zu erleben und sich in ihr bewußt zu tummeln; Männer können es am Verhalten ihrer Frauen zu eigener seelischer Bereicherung lernen, daß selbst die Sexualität für sie – mit dem Älterwerden noch mehr – in der *seelischen* Kommunikation mit dem Partner ihre Voraussetzung hat.

Diese Form der Ergänzungsmöglichkeit gilt nun freilich vor allem für echte Familienmütter. Heute gibt es als ein Novum in der Menschengeschichte noch eine Gefahr für Frauen: Sie ist heute häufiger als die, die durch übertrieben mütterliche Haltungen entstehen. Gemeint ist der Mißstand, daß viele Frauen heute, obgleich sie Kinder haben, ihre Mutterschaft praktisch verleugnen und immer ganztägig in ihrem Beruf bleiben. Da ist zum Beispiel Frau Z., die Frau eines wohlverdienenden Bahnbeamten. Ihr Sohn sah seine Mutter während seiner Kindheit nur am Abend. Eines Tages wurde er in dem Warenhaus, in dem seine Mutter tätig war, beim Stehlen von Parfümerien erwischt. Er gab zu, das schon öfter getan und die Sachen in einen Kanal geworfen zu haben. Das wäre eine ganz und gar unsinnige Geschichte, wäre es den Psychologen nicht bekannt, daß der Stehlzwang neurotischer Kinder oft eine

Symbolhandlung ist: Dieser Junge entbehrte die Wärme und den Duft mütterlicher Nähe – also ging er dahin, wo er das finden konnte, triebhaft, dumpf, ohne zu wissen, *was* er eigentlich suchte – nämlich die Liebe der Mutter.

Unermeßlich in seinen Folgen und beängstigend für die Jugend und für die Frauen selbst ist dieser Drang zur Erwerbstätigkeit der Mütter aus Prestigedenken, Nachahmungswut und materieller Einstellung allein. Was nützt die Bettumrandung in Plüsch, die Clubgarnitur, was der chromblitzende Wohlstand, wenn er mit einem Entschwinden seelischer Substanzen erkauft wird. Solche Frauen bedürfen weniger der Beschäftigung mit geistigem Gut als des Bemühens um frauliche und mütterliche Gefühlswerte in ihrem eigenen Familienkreis.

Ergänzungsformen sind für Frauen in der zweiten Lebenshälfte nicht nur innerhalb mütterlicher Bereiche nötig. Auch für Frauen ohne Ehemann und ohne Kinder gibt es in der Beziehung zum anderen Geschlecht Reifung und Vertiefung. Wie eine Frau Liebe erlebt und sie lebend wandelt, hängt von dem Grad ihrer seelischen Entwicklung ab. Manche Frauen behalten die naiv-instinkthafte, unbewußte Art bis ins Alter hinein bei. Sie leugnen ihre Lebensjahre, legen ungeheuren Wert auf jugendliches Aussehen und jugendliche Kleidung, färben ihre grauen Haare und sind, ohne es zu ahnen, auf Wirkung und Anziehung bedacht. Sie versuchen unbewußt so zu wirken, wie es den Vorstellungen des Mannes von ihnen entspricht. Der Instinkt hilft den Frauen, dieses Klassenziel treffsicher zu erreichen. Dieser naive und charmante Frauentyp erscheint den meisten Männern sehr begehrenswert, weil die Instinktsicherheit solcher Frauen eine wesentliche Ergänzung für die naturferne Zerrissenheit vieler Männer sein kann.

Die Schwäche dieser Haltung in der zweiten Lebenshälfte liegt auf der Hand: Solche Frauen sind in Gefahr, sich ganz mit ihrer liebenswerten Maske zu identifizieren – und allmählich darüber ihr eigentliches Gesicht zu verlieren.

Die Dichterin Ilse Aichinger hat das sehr eindrucksvoll in einer symbolischen Erzählung geschildert. Sie beschreibt eine Frau, die sich auflöste, wenn sie die Sonnebrille abnahm.

Aber abgesehen davon, daß der Verlust personaler Substanz sie selbst unentwickelt läßt, wird solche Haltung auch in der Beziehung zum Mann mit höherem Alter immer fragwürdiger.

Gewollte Jugendlichkeit wirkt peinlich im Alter – auch und gerade auf den Mann, diese Konkurrenz ist auf die Dauer nicht zu halten. Primitive Männer pflegen sich dann wieder dorthin zu wenden, wo sie ihre Muse, ihre Vervollkommnung zu finden träumen – in der ewig-jungen Eva. Andere Männer aber machen selbst eine seelische Entwicklung durch. Gelegentlich zumindest kommt das auch heute noch vor. Sie überwinden ihre extrem männlich-rationale Haltung und bedürfen nun auch nicht mehr des Nur-Weibchens, sondern suchen nach der Gesprächspartnerin, nach der Seelengefährtin auf dem Weg nach innen, der Aufgabe des Alters ist. Soll also die seelische Gemeinschaft erhalten bleiben, so bedarf es in einem solchen Fall auch einer Reifung und Ergänzung in der seelischen Einstellung der Frau.

Was ist dazu nötig? Einmal die Überwindung der naiven Nur-Weiblichkeit, und zwar durch Selbstbeobachtung und Selbstkritik. Die naive Frau ist immer unschuldig, jedenfalls meint sie das, lebt ungebrochen aus dem Gefühl und verteilt es auch, je nach Laune, an die Außenwelt. Sie ist unberechenbar und wetterwendisch wie die Natur selbst. Sie beobachtet wohl, zieht aber daraus keine logischen Schlüsse. Sie macht Erfahrungen, zieht aber daraus keine Konsequenzen. Den Mann ihrer Liebe sieht sie oft gar nicht in seiner realen Struktur, sondern sie projiziert ihr eigenes geliebtes Idealbild in ihn hinein. Er besitzt dann in ihren Augen alle Eigenschaften, die sie selbst zur Ergänzung ihres Wesens braucht. Aber immer wieder zerrinnt ihr diese Illusion unter den Händen an der Begegnung mit der Wirklichkeit. Liebe ist auf dieser Stufe keine Begegnung mit einem Menschen, der in seiner spezifischen Art anzieht, sie ist hier Faszination durch ein eigenes, auf den Mann projiziertes Seelenbild. Das heißt, sie liebt in Wirklichkeit nicht ihn, den Mann, sondern etwas an ihm, das sie selbst gern sein möchte. Die Überwindung dieser naiven Einstellung ist deshalb davon abhängig, ob es ihr gelingt, sich diese sie faszinierenden Eigenschaften bewußt zu machen und sie als ungelebte Teile ihrer eigenen Seele zu erkennen.

Viele Frauen beten das Heldisch-Kämpferische im Wesen eines Mannes an, andere verfallen immer wieder einem wissenschaftlichen Typ, und manche fühlen sich zu dem alten Weisen hoffnungslos hingezogen. Man denke nur an die gänzlich unrealistische Anbetung eines so abstoßenden Mannes wie Hitler durch Millionen von Frauen! Oder an die Schwärmerei der amerikanischen Frauen für Oberst Lindbergh, jenes Fliegers, der zum ersten Mal den Ozean überwand.

In manchen Frauen kann sogar die Verliebtheit und Schwärmerei für das eigene Seelenbild zur Verstiegenheit werden. Eine 40jährige Assistentin verliebte sich zum Beispiel in ihren abgrundhäßlichen Institutsleiter. In ihrer Phantasie umhing sie ihn mit den köstlichen Eigenschaften von Geist und Kühnheit und verstieg sich schließlich gänzlich in diese illusionäre Welt. Sie hielt mit ihm, der nichts davon wußte, eine magische Hochzeit und verschwand mit ihm in die Lüfte, d. h., sie wurde geisteskrank. Es soll damit nur verdeutlicht werden, was für eine ungeheure Macht ein solches ungelebtes Seelenbild auf die naive Frau ausüben kann und wie nötig es ist, daß sie sich darüber klar wird, welche Eigenschaften es sind, die sie so sehr faszinieren und ansprechen, um daranzugehen, diese unerlösten Teile der eigenen Seele in die Wirklichkeit hineinzunehmen. Denn je mächtiger diese Eigenschaften in der Frau verdrängt und gedrosselt sind, um so unwiderstehlicher tauchen sie in der Projektion nach außen auf. Hier gilt es, mit dem Mut zur Selbstbeobachtung um der eigenen Ergänzung willen die Illusion zu durchbrechen. Es gehört also zu den Aufgaben der zweiten Lebenshälfte, das große Naturgesetz der Ergänzung nicht mehr auf extratensive Weise – durch ein Suchen nach außen –, sondern auf introvertierte Weise – durch ein Suchen nach innen – zu erfüllen. Das soll heißen: ihre plumpe Naivität kann eine Frau nur durch Nachdenken über sich selbst aufgeben.

Dieses Verlassen der nur instinkthaften Verhaltensweise birgt freilich auch eine Gefahr, nämlich die Gefahr der Übergangsstufe, die aber durchlaufen werden muß. Durch die verschärfte Beobachtung und durch das Erkennen der eigenen Verhaltensweisen wird sich die Frau zum ersten Mal ihres Ichs klar bewußt. Sie erkennt, daß ihr dieses Stück erworbener Bewußtheit Macht gibt, nicht nur über sich selbst, sondern auch über andere, über den Mann im besonderen; denn sie erkennt, daß er ihrer bedarf und kann ihre Verhaltensweise jetzt bewußt lenken.

Das ist jene Situation, die wunderschön im Märchen von der Gänsemagd geschildert wird. Dort begibt sich eine Prinzessin auf die Fahrt zu ihrer Hochzeit mit dem fremden Königssohn. Sie besitzt das Pferd Fallada, das sprechen kann, drei Blutstropfen in einem Taschentuch und eine Dienerin. Da die Märchen, wie alle primitiven Mythen, symbolische Darstellungen seelischer Geschehnisse sind, sind auch hier die inneren seelischen Begebenheiten als einzelne äußere Gestalten geschildert. Wie der Mephisto im „Faust", so ist die Magd hier der egoistisch-böse Teil der Prinzessin-Frau, das Pferd ist ihr eigener Instinkt, mit dem sie eine geradezu menschliche Verbindung hat, die wunderbaren Blutstropfen im Taschentuch aber, das ihr die Mutter gab, damit ihr kein Leid geschähe, versinnbildlichen die Verbindung mit der Mutter, mit der unmittelbaren Naturkraft selbst. Aber sie verliert diese Blutstropfen, d.h., sie gibt die Verbindung mit der Natur auf – und in diesem Augenblick kann ihr böser Schatten, ihre ich-gierige Eigenmächtigkeit von ihr Besitz ergreifen. Die Magd setzt sich an die Stelle der Prinzessin. Stufenweise wird in diesem Märchen geschildert, wie dieser Schatten überhandnimmt, denn auch das Pferd, ihre instinktive seelische Kraft, wird ihr zuerst fortgenommen und dann sogar auf Befehl der häßlichen Magd enthauptet.

In dieser Situation befindet sich jede Frau, die auf dem Weg ihrer individuellen Entwicklung die instinktiv-unbewußte Haltung verlassen hat und ein Überhandnehmen ihres Eigenwillens erlebt. Und von elementarer Wichtigkeit im Hinblick auf die Frage, ob die Entwicklung fortschreitet oder steckenbleibt, ist die Notwendigkeit, diesen Schatten zu erkennen, wie die Gänsemagd in der Klausur eines Ofens dem alten König, der das Bewußtsein verkörpert, die falsche Magd erkennbar macht. Wir alle haben diese Magd in uns, diesen mephistophelischen Schatten, der aus Machtwillen, Egoismus, Rechthaberei, Überheblichkeit und Besitzgier besteht. Je mehr wir ihm ungebremst verfallen, desto mehr geraten wir in Konflikt mit dem Lebensgesetz, dem er zu trotzen sich anmaßt. Aber aus dem Dilemma, das daraus meistens in irgendeiner Weise entsteht, läßt sich mit dem Mut zur Selbstkritik die Artung der negativen Seite konkret erfassen. Daß wir diese Schattenseite unseres Wesens erkennen und anerkennen, gehört zu den unerläßlich notwendigen Entwicklungsvorgängen der zweiten Lebenshälfte. Bleiben wir instinkthaft-unbewußt, ohne Erkenntnis unserer selbst, so verharren wir in der Vorstellung, daß wir engelhaft und unfehlbar seien, können aber nicht davon lassen, die eigene, unterdrückte Seelenschwärze nach außen zu projizieren, die anderen mit Lust schlecht zu machen, sie „anzuschwärzen“, wie es sehr schön in der Sprache ausgedrückt ist. Die Vorstellung von der eigenen Unfehlbarkeit bedeutet immer schon eine Verdrängung, nämlich die Verdrängung menschlicher Fehlerhaftigkeit aus dem Bewußtsein. Jede Verdrängung aber birgt eine nicht sichtbare Gefahr, nämlich die Gefahr, von dem Verdrängten gewissermaßen von hinten überfallen oder schleichend überwuchert zu werden. Das heißt, ein Mensch, der sich in dieser Weise vor sich selbst verschließt, kann auch die anderen nicht mehr verstehen, da er immer nur von einer pharisäischen Haltung her *ver*urteilt. Mit der Verhärtung seines Inneren geht eine Verhärtung seines Äußeren einher. Das Böse, das er verachtet, hat ihn längst schon in den Klauen und macht ihn hart und leer.

Das ist eine Erkenntnis, die die Tiefenpsychologie wieder klar ins Bewußtsein gehoben hat: die Schattenseite des Menschen, das Böse, die Ursünde, nämlich die Übersteigerung des Ichs, läßt sich nicht dadurch bewältigen, daß man so tut, als sei sie bei den anderen, nicht aber bei uns selbst vorhanden. Wir müssen den Mut haben, diesen Teil nicht auszusperren, sondern als eine zu uns gehörende Seite zu begreifen. Das ist aber schwerer, als man annehmen möchte. Wenn wir uns dabei ertappen, etwas besonders heftig und immer wieder mit großer Vehemenz abzulehnen, so sollten wir uns fragen, ob das nicht eine Verleugnung der dunklen Schwester in uns ist. Menschen, die behaupten, sie lögen nie – niemals, überzeugen davon, daß sie sich in einer fundamentalen Weise selbst belügen.

Dies ist ein allgemeines psychologisches Gesetz, das uns helfen kann, uns selbst zu erkennen: Was wir unstillbar in den anderen suchen, was wir übertreibend ablehnen, das gehört zu den unerlösten, d.h. unangenommenen Teilen unserer Seele. Wie die Geister und Gespenster im Märchen finden diese Seelenteile erst dann Ruhe, wenn wir uns bewußt mit ihnen konfrontieren und ihnen einen Platz in unserem Dasein eingeräumt haben. Damit soll nicht anarchistischen Tendenzen das Wort geredet werden. Es kann in einer Gesellschaft von Menschen nicht sein, daß jeder seinen mehr oder minder großen Schweinehund frei herumlaufen läßt. Das ist nicht gemeint. Aber wenn der Schweinehund im dunklen Hof an einer Kette liegt – so etwa ist es, wenn wir ihn verleugnen –, ist es wesentlich gefährlicher, daß er sich losreißt und ein aggressives Ungeheuer wird, als wenn wir ihn zu unserem Begleiter und Wächter erziehen *trotz* seiner Gefährlichkeit. Seine dunklen Seiten zu erkennen, anzunehmen und sich dienstbar zu machen ist der einzige Weg, ihnen nicht zu verfallen. Und das ist eine Aufgabe, die den Menschen in der zweiten Lebenshälfte mit mehr oder weniger großer Dringlichkeit nahegelegt wird. Denn ob man in der Lage ist, lebendige Frucht zu tragen, hängt von der Bereitschaft ab, diesen Kampf der Selbsterkenntnis im Ofen der Gänsemagd, d.h. allein mit sich, im Schmelztiegel innerer Verwandlung auszutragen.

Was bedeutet das konkret für die Frau? Erkennt sie zum Beispiel, daß ihr überakkurater Familienbetrieb, dem sich Mann und Kinder zu unterwerfen haben, einem überwuchernden Machttrieb ihres Ego entspringt, daß der aber wenig mit Erziehung zu Sitte und Wohlanständigkeit zu tun hat, erkennt sie, daß sie unter dem Mantel des Opferns ihrem Machttrieb frönt, so wird es ihr gelingen, mit Hilfe dieses Wissens solche Tyrannei aufzulösen. Sie bekennt sich zu ihrem Egoismus, indem sie sich einen kleinen Zeitraum schafft, in dem sie ihren eigenen Interessen nachgeht, und quält nicht mehr, Dankbarkeit heischend, ihre Familie durch ein machtbesessenes Totalopfer. Das Ausbilden einer eigenen Fähigkeit wird ihr vielleicht sogar die Möglichkeit geben, sie in den Dienst der Allgemeinheit zu stellen, vielleicht nur, indem sie Freude und Ausgeglichenheit in die Familie trägt oder indem sie sich kraft ihrer Fähigkeiten schließlich an einer überpersönlichen kommunalen Aufgabe beteiligt.

Diese seelische Entwicklung, die sich als Ergänzung und Abrundung des eigenen Wesens vollzieht, befähigt eigentlich erst zu echter Partnerschaft. Denn nur wer seine eigene Ergänzung bei sich selbst und nicht fordernd beim Partner sucht, kann diesem in seinem Alleinsein, in einer echten Beziehung zum Du gerecht werden. Diese Haltung läßt den anderen gelten, weil man sich selbst mit seinen Mängeln und Schwächen gelten läßt. Sie überfordert den Partner nicht mit Ansprüchen, mit infantilen Erwartungen, es bei ihm so warm zu haben wie einst im Kinderwagen, sie erkennt die Notwendigkeit der Distanz in einer Ehe; denn nur wer sich selbst zu einem Individuum entwickelt, kann sich selbst verschenken.

Diese Probleme treffen die unverheiratete, berufstätige Frau freilich in einer anderen Situation, und ihre Ergänzung muß dementsprechend anders aussehen. Der unverheirateten, berufstätigen Frau fällt durch ihre Unabhängigkeit und Selbständigkeit und durch die Ausbildung geistiger Fähigkeiten eine Entwicklung zur Persönlichkeit zunächst viel leichter. Dennoch entgeht sie nicht den Gefahren der Einseitigkeit, wenn sie nicht wachsam bleibt, denn ihre Lebensform ist der männlichen nachgebildet und ist bei den akademischen Berufen überhaupt erst durch die Frauenemanzipation möglich geworden. Die Überbetonung des Verstandes führt mit wachsendem Alter dann zu jenen Zerrformen vermännlichter Weiblichkeit, die uns in den drahtig-dragonerhaften Typen der alternden Berufsfrauen nur allzusehr bekannt ist. Sie sind ein Beweis dafür, daß niemand, auch mit der größten und schärfsten Verstandeskraft nicht, in der Lage ist, ein lebendiges Leben zu führen, ohne Liebe zu geben und ohne Liebe zu empfangen. Wenn der Frau die Liebe zu einem Mann versagt bleibt, so ist es doch für sie nötig – und meistens ist das durch ihren Beruf durchaus praktisch möglich –, Liebe und Mütterlichkeit und menschliche Anteilnahme als eine ebenso große Notwendigkeit zu pflegen wie das Verdienen des Lebensunterhalts und die Ausbildung ihres Geistes. Wie sehr kann eine Lehrerin lebendige Frau bleiben, wenn es ihr gelingt, nicht nur Wissensstoff zu vermitteln, sondern sich um die Nöte, Sorgen und Schwierigkeiten der ihr anvertrauten Kinder mitzubekümmern; wie sehr wird die Ärztin an eigener innerer Wärme gewinnen, wenn sie sich nicht nur für ihr Fach und die Krankheiten ihrer Patienten, sondern für deren Gesamtwesen interessiert; wieviel seltener werden berufstätige Frauen unter Vereinsamung leiden, wenn sie sich mitsorgend für einen anderen Menschen einsetzen.

Ein Novum in der Geschichte des Menschen ist die Frage nach Bewältigungsmöglichkeiten des hohen Alters. Die Zahl der Siebzig- bis Hundertjährigen nimmt durch die Fortschritte in der Medizin von Jahrgang zu Jahrgang zu. Die Frauen sind darüber hinaus langlebiger als die Männer. Lange Witwenjahre werden in zunehmendem Maße verzeichnet. In gleichem Maße aber nimmt die Zahl jener Familien, die die alten Mütter in ihrer Häuslichkeit pflegen, wenn sie hilfsbedürftig werden, ständig ab. Die Motive dafür sind vielfältig: Die Wohnungen sind zu klein, die Familienmutter ist selbst berufstätig, die Alten sind unleidlich, herrschsüchtig oder säuglingshaft anspruchsvoll, die Schwiegersöhne lehnen mit mehr oder weniger Berechtigung ihre Schwiegermütter ab, das Bedürfnis nach dankbarer „Rückgabe" der einstigen elterlichen Fürsorge ist verschüttet oder mit einer schäbigen Schicht von Herzensträgheit und Bequemlichkeit verkleistert.

Im Vorausschauen auf die Möglichkeit, sehr alt werden zu können, sollten besonders die älteren Frauen heute sich darauf einstellen, ihre „Rechnung ohne die Kinder" zu machen, das heißt, sich auf eine Gestaltung ihres hohen Alters einzustellen, ohne die Familien ihrer erwachsenen Kinder für ihre Pflege in Anspruch zu nehmen. Es ist sicher im Hinblick auf die Aufgaben des hohen Alters sinnvoller, sich rechtzeitig ein Einzelzimmer in einem Pflegeheim zu sichern oder für eine private Pflegemöglichkeit vorsorglich Vorkehrungen zu treffen.

Frauen, die unter der Klammer einer Ehediktatur ein langes Joch durchgehalten haben, erleben übrigens nach dem Tode des Mannes oft noch eine geistige Erneuerung, die Kraftzufuhr und Lebensverlängerung bewirkt. Ein lebenslustiger Tatendrang beginnt sie zu erfüllen, der zu Reisen und zu einer Aktivierung von Geselligkeit führt.

Aber auch Frauen, die jenseits ihrer Sechzigjährigkeit einen echten Partner verlieren, haben es nicht nötig, in der Not des Verlustes zu erstarren. Sie können das Alter in aktiver Verinnerlichung als ein Transzendieren erleben, in der die Verbindung mit dem geliebten Partner nie zu zerreißen braucht.

Alte Menschen, die in der oben beschriebenen Weise eine seelische Entwicklung durchgemacht haben, können auch eine positive Einstellung zu dem Abnehmen ihrer Kräfte entwickeln und selbst diese letzte Phase noch als Aufgabe erleben. Das Schwinden der Seh- und Hörschärfe ist ihnen ein Hinweis, daß die Bereiche der sinnlichen Außenwelt für sie in zunehmendem Maße unwesentlich werden, das Unbeweglicherwerden der Gliedmaßen ist ihnen ein Anlaß zu der Erkenntnis, daß das Altwerden nicht mehr hauptsächlich in äußerer Aktivität bestehen soll; das Hören und Sehen nach innen, das Erinnern und Bilanzziehen, das Hinwenden zu religiösen Bezügen tritt an die

Stelle. Diese Stufe erreichen heißt eine Weisheit ausstrahlen, die von innen leuchtet. Alte Weise dieser Art können trotz körperlicher Hinfälligkeit oder gar Hilflosigkeit zum seelisch-geistigen Mittelpunkt ihrer Umgebung werden, der noch nachleuchtet, nachdem ihr leibliches Leben erloschen ist.

Die wichtigste Aufgabe des hohen Alters, sich seelisch auf das Sterben vorzubereiten und sich eine positive Einstellung zu „Freund Hein" des Matthias Claudius zu erarbeiten, wird durch die zunehmend mehr differenzierten Möglichkeiten der Lebensverlängerung in der Medizin enorm kompliziert. Herzschrittmacher, Infusionen, Operationen können Achtzig- und Neunzigjährigen das Leben oft für Monate verlängern – in einer Weise freilich, die keinem Menschen, der die Reife seiner Jahre erreicht hat, wünschenswert sein kann. Meist kommt es zu einem wochenlangen, oft qualvollen Verdämmern in einem Klinikbett in einer Weise, die allenfalls als Sterbensverlängerung bezeichnet werden kann.

Für alte Menschen, die erleben, wie ihre Angehörigen auf diese Weise dahingehen, wird die Vorstellung, so sterben zu müssen, zu einer Schreckensvorstellung erdrückender Art. Eine neue Teufelsklaue unserer „Machbarkeit" wird sichtbar, der wir nur Herr werden können, wenn wir unser Recht auf einen Tod ohne künstliche, sinnlose Verlängerung uns von der Technik zurückfordern. Das können wir nur durch klare schriftliche Weisungen an den Arzt, bevor wir in eine Situation geraten, in der wir nicht mehr in der Lage sind, Entscheidungen solcher Art zu treffen; denn kein Angehöriger, kein Arzt kann dem Sterbenden eine solche Entscheidung abnehmen und für ihn ein Sterben-Lassen beschließen. Der Wunsch, den eigenen Tod sterben zu wollen, sollte in unserer Welt der Machbarkeit zukünftig in ehrfürchtigem Respekt vor der Menschenwürde zum Grundrecht erhoben werden.

Zusammenfassend läßt sich sagen: Der psychologische Sinn der zweiten Lebenshälfte liegt in der Ergänzung. Im Gegensatz zur ersten Lebenshälfte sollte diese Ergänzung nicht mehr draußen, durch das Werk, im Mann oder in den Kindern gesucht werden, sondern als ein Entwickeln der bisher ungelebten oder unterentwickelten Eigenschaften und Fähigkeiten. Was überweiblich war, bedarf der logischen Durchdringung, was übermütterlich war, bedarf der Entdeckung des eigenen Lebensanspruchs, was im Begriff stand, männlich zu entarten, bedarf der Betonung weiblichen Fühlens. Immer aber gehört zu jeder ergänzenden Entwicklung das Erkennen, Anerkennen und Kultivieren der menschlichen Neigung, sich selbst für den Mittelpunkt der Welt zu halten. Nur dem, der diese Grenze der Ichhaftigkeit erkennend und durchleidend überschritten hat, wird das Alter kein Niedergang sein. Aufgrund ihrer Selbsterfahrung können alte Menschen den „Nachfahren" leuchtende Wegweiser sein zu einem geheimnisvollen Ziel, für das sie sich rechtzeitig öffneten und dessen Schwelle sie schließlich still-bejahend übertraten.

Von dieser gelassen-heiteren, friedevollen Weihe des Reifseins sprechen die Dichter:

> Heiterkeit, güldene, komm –
> du des Todes heimlichster süßester Vorgenuß...
> Jetzt erst, wo der Fuß müde ward,
> holt dein Blick mich noch ein,
> holt dein Glück mich noch ein...
> Silbern, leicht wie ein Fisch
> schwimmt nun mein Nachen hinaus –

Der kalte Krieg der alten Schlange

In den Mythologien der Menschheit wird in großer Bilderfülle die Weltgeschichte als ein Schauplatz des fortwährenden Kampfes zwischen lichten, aufbauenden, liebefördernden Kräften und zersetzenden, die Ordnungen und Strukturen auflösenden Mächten dargestellt. Sie, die Dämonen, die Teufel, die Schlangen, die Drachenungeheuer, treiben ein listenreiches Spiel mit den Menschen, mit dem Ziel, die Schöpfung zu vernichten und in eine chaotische, gestaltlose Materie, ins Tohuwabohu zurückfallen zu lassen. In den alten Geschichten wird aber auch immer wieder berichtet, daß diese Spaltung zwischen Stoff und Form, zwischen Natur und Geist, die Feindschaft der Mächte zur Dualität nicht immer bestanden hat, daß eine Entzweiung stattgefunden hat, die nach Heilung, nach Ganzwerdung, nach Erlösung schreit. Die Tiefenpsychologie, vor allem unter der Anregung von C. G. Jung, hat nun deutlich machen können, daß die Phantasiegebilde der Alten nicht einfach nur überholte Hirngespinste sinnsuchender Ignoranten waren, sondern daß es zumindest *in uns* diese Mächte, diese so außerordentlich konträren, Konflikte erzeugenden Impulse in der Tat gibt. Der Kampf zwischen Engeln und Dämonen spielt sich auch in uns selbst ab – als Zerreißprobe zwischen Gehorsam und Machtanspruch, zwischen Liebe und Haß, zwischen Brüderlichkeit und Neid, zwischen Bemühtheit und Bequemlichkeit. Freilich ist es Entdeckern und Epigonen, die diese neue Bewußtseinsebene für uns erklommen haben, dann freilich selbst nicht immer gelungen – vom Rausch des Neulandes benommen –, dem Sog der Ungeheuer, die sie beschworen und entzauberten, zu entgehen; alle jene verfielen diesem Schicksal, die nun glaubten, damit die ganze Wahrheit gefunden zu haben und in den mythischen Bildern *nichts* als Projektionen der eigenen inneren Nöte und Schwierigkeiten zu sehen meinten. Aber solche Verabsolutierungen gehören zwangsläufig zu den Folgen der bewußtseinssteigernden Entdeckungen, entwerten sie einerseits, geben auf diese Weise aber Anreiz und Anlaß zu neuen Ansätzen, neuen Forschungen, geben Impulse zur Verbesserung der Geistestaten, die durch Totalisierung sekundär wieder unvollkommen gemacht worden waren.

Wie, wenn sich Goethes geistiges Lebensresümee, sein Ausspruch am Schluß des Faust II „Alles Vergängliche ist nur ein Gleichnis", als die umfassendere Wahrheit erweisen würde? Könnte es dann nicht möglich werden, durch die Erforschung der inneren Konflikte, Strukturen und Entwicklungen des Menschen per Analogieschluß Aussagen zu machen über kosmische Strukturen und kosmische Entwicklungen und damit letztlich Erhellendes zu erfahren über den Sinn und das Ziel des Lebendigen überhaupt? Jedenfalls brauchten wir dann nicht einem entmythologisierenden Prozeß der Projektion, der Einengung auf das Psychologische allein zu erliegen, sondern könnten in den tiefenpsychologischen Aspekten einen neuen Schlüssel entdecken. Die Geister, die Engel, Luzifer und seine Scharen brauchten dann nicht mehr auf die Subjektstufe, auf eine Projektion des Unsichtbaren in uns reduziert zu werden, sondern dürften wieder als das verstanden werden, was sie beanspruchen: Verbildlichungen unsichtbarer, kosmischer Kräfte zu sein, deren Kämpfen, Zerreißproben, Niederlagen, Siegen und Verwandlungen wir mitagierend ausgesetzt sind.

Wenn man die geistigen Tendenzen der letzten Jahre in unserem Land aufmerksam verfolgt hat, kann man sich des Eindrucks eines neuen, gewaltigen „Schlachtengetümmels der Mächte" nicht erwehren, und da sich diese Kämpfe ja immer durch uns alle hindurch vollziehen und es also auf jeden von uns und die Entscheidung jedes einzelnen ankommt, ist es notwendig, ein klares Bewußtsein davon zu erlangen, worum es hier wohl letztlich geht. Nichts ist verhängnisvoller, ja tragischer für Individuen und Völker, als wenn sie die von der Situation her unumgänglichen Stellungnahmen im Zustand der Vernebelung vollziehen. Die Eintrübung des Geistes gehört zu den strategischen Grundelementen zerstörerischer Kräfte. Demaskierte Dämonen, das heißt geistige Mächte, die in der Abolutheit ihres Zerstörungswillens durchschaut sind, bilden für den Menschen keine große Gefahr mehr; denn der Mensch strebt nicht nach Entstaltung, nicht nach der Verewigung der Todesmacht. Er will im Grunde seiner Seele das „Gute", will ewiges Leben. Schon im Kasperlespiel der Kinder wird diese Gegebenheit in jeder zweiten kinderpsychotherapeutischen Stunde deutlich: Gibt sich das Böse offen zu erkennen, in Teufels- oder Dämonengestalt, so wird es von allen Kindern mit Leidenschaft bekämpft, und das Ende des Spieles besteht in einem Sieg der „Guten" über die „Bösen".

Um eine Demaskierung der uns zur Zeit bedrohenden Mächte soll es daher im folgenden gehen. Dabei möchte ich zunächst versuchen, einige wesentliche Grundgegebenheiten aus dem seelischen Entfaltungsprozeß, aus dem kosmischen Kampf zwischen Trieb und Geist in uns zu beschreiben, um per Analogieschluß vielleicht zu einigen erhellenden Aussagen über unsere Situation zu kommen.

Die Entwicklungspsychologie, die Neurosenlehre und die Tierverhaltensforschung haben uns zu einigen neuen Erkenntnissen über den Lebensaufbau des seelisch gesunden und des seelisch kranken Individuums verholfen. Dabei läßt sich seelische Gesundheit des erwachsenen Menschen mit Freud definieren: „Gesund ist, wer lieben und arbeiten kann." Damit ist in bezug auf die Liebesfähigkeit des Erwachsenen keineswegs allein sexuelle Vollzugsmöglichkeit gemeint, sondern das Gesamt eines Verhaltens, das gekennzeichnet ist durch das Vermögen, sich selbst aus der Mitte zu stellen um der anderen oder eines anderen willen, um in Fürsorge, Respekt, Rücksicht und Verantwortung zu handeln. Arbeitsfähigkeit setzt die Möglichkeit zu Interesse, Initiative, Konzentration und Ausdauer, die Planung auf ein Ziel hin, voraus. Wir machen nun die Erfahrung, daß nur ein in dieser Weise seelisch gesunder Mensch die Chance hat, Reifestufen zu erreichen, die es ihm möglich machen, sich unverwechselbar und in einmaliger Weise von allen Tierspezies zu unterscheiden: nämlich in geistiger Unabhängigkeit aufgrund von Reflexion und Einsicht nach freiem Entschluß zu handeln, konstruktiv schöpferisch zu sein und überpersönlicheBindungen eingehen zu können. Diese Entfaltung des spezifisch Menschlichen, diese Dominanz des freien, verantwortungsbewußten, schöpferischen und liebevollen Geistes ist im Schicksalsweg des einzelnen aber keineswegs eine Selbstverständlichkeit, ja in optimaler Weise ist sie bisher immer nur von einigen wenigen, die oft zu leuchtenden Leitbildern wurden, erreicht worden. Im allgemeinen sind wir alle mehr oder weniger weit, mehr oder weniger bewußt von diesem Optimum entfernt. Das liegt interessanterweise daran, daß wir uns, wie die Neurosenlehre zeigt, sehr viel häufiger als frei Handelnde empfinden, als das tatsächlich der Fall ist, und zwar deshalb, weil das Handlungsmotiv erst sekundär von uns mit einem Mantel der Rationalisierung umkleidet wurde, während es primär von ungesteuerten, durchbrechenden Trieben, Drängen und Zwängen bestimmt war. Das ist zum Beispiel oft der Fall bei den Scheinmotivationen, mit denen gesetzeswidrige Taten in unbewußtem Selbstbetrug begründet werden. So hat – laut Pressebericht – der Entführer Ollenburg seinem Opfer erklärt, daß er dessen Millionen brauche, damit eine gerechte Umverteilung des Kapitals stattfände, obgleich die Chance, zu einem befriedigenden Wohlstand zu kommen, für den Täter von Haus aus sicher größer gewesen ist als für den Bäckersohn Albrecht. Testuntersuchungen von solchen Erpressern und Dieben, wie ich sie in großer Zahl durchgeführt habe, lassen das wahre Zustandsbild sichtbarer werden als durch eine solche scheinmotivierte Aussage des Täters. Meist erweist es sich, daß eine alle Bedenken und Gewissensskrupel übertönende Habgier so übermächtig wurde, daß diese Triebimpulse wie ein Pferd mit seinem Reiter – sprich der steuernden Vernunft – durchgingen. Interessanterweise entstehen solche Pannen, die den Charakter des Menschen verformen und ihn unausgeglichen werden lassen, dadurch, daß sich jene Antriebe, die zur Entstehung einer gesunden Liebes- und Arbeitsfähigkeit die Voraussetzung bilden, in der frühen Kindheit nicht voll entfalten konnten. Funktionen, die zunächst gänzlich triebhaft-biologisch im Dienst der Lebenserhaltung stehen, wie das Zupacken und Einsaugen der Nahrung, wie das Besitzergreifen, das Sich-Verteidigen und Festhalten – um nur einige charakteristische zu nennen –*, werden oft durch unangemessene Umwelteinflüsse zur Hemmung, Stauung, zu Durchbruch und Wucherung gebracht, so daß es im Extremfall zu „bösen“ Entartungserschei-

* Ausführlich habe ich darauf in meinen Büchern „Verhaltensstörungen bei Kindern“, Piper-Verlag, München 1971, und „Die Schulnöte unserer Kinder“, Furche-Verlag, Hamburg 1971, hingewiesen.

nungen kommen kann. Auf diese Weise entstehen Handlungsbereitschaften, die keineswegs den Charakter einer gesteuerten, freien Entscheidung tragen, sondern die in starrer Zwangsläufigkeit in immer gleicher Weise vollzogen werden. Sie erinnern an die strenge Handlungsdeterminiertheit der Tiere, ohne aber noch im Dienst einer Lebens- oder Arterhaltung zu stehen. Vielmehr gewinnt die negative Wucherung einer an sich wertneutralen Funktion in einer die Entwicklung behindernden, in einer schädigenden, ja schließlich zerstörerischen Weise die Oberhand. Diese Gegebenheit macht sich die Kriminalpolizei zum Beispiel unentwegt zunutze, wenn sie aus der „Handschrift" einer Tat auf den in ihrer Kartei vorhandenen „alten Kunden" schließt. Ein Räuber wird nicht plötzlich zum Exhibitionisten, sondern er bleibt in starrer Zwangsläufigkeit bei immer ähnlichen Straftaten; ein Hochstapler wird nicht plötzlich zum sadistischen Mörder, er hakt, wie eine Grammophonnadel in der gleichen schadhaften Rille, immer im gleichen Metier. Das Lebensproblem dieser „Seelenkrüppel" besteht darin, daß der immer gleiche, der an der Wurzel beschädigte Antrieb dranghafte Eruptionen hervorruft. Dieser Umstand macht es uns Praktikern sogar möglich, Prognosen zu stellen über das spätere Lebensschicksal von Menschen, deren Antriebe in der Kindheit zu einer solchen Fehlentwicklung gebracht werden. Ein Beispiel soll diesen Sachverhalt erläutern:

Vom Jugendamt geschickt, kam vor mehreren Jahren ein Vater mit seinem dreijährigen Sohn zu mir. Die Nachbarn haben die brutale Prügelerziehung des Vaters beobachtet, der seinen Jungen mehrmals täglich wegen kleiner Vergehen schlägt. Ich versuche vergeblich, den Vater – typischerweise ist die Mutter gar nicht mitgekommen, hat nicht mitkommen dürfen – davon zu überzeugen, daß er auf diese Weise bei seinem Sohn Charakterschäden verursache. Die Bemühungen des Jugendamts, diesem Vater die elterliche Gewalt zu entziehen, scheitern an dem energischen Widerstand der Eltern und daran, daß direkte Mißhandlungen nicht nachweisbar sind. Ich notiere in meiner Kartei den prognostischen Eintrag: „Gefahr von Jähzorn, Diebstahlsdelikten, Gewaltverbrechen, wenn Erziehungsklima bleibt."

Vor einigen Wochen hatte ich im Gefängnis einen achtzehnjährigen Untersuchungshäftling zu begutachten. Er hat wesentlich jüngere Jugendliche unter direkter Bedrohung mit geladener Pistole mehrere Male gezwungen, Geld vom Konto ihrer Eltern abzuheben und bei ihm abzuliefern. Es handelte sich um jenen Ralf, der mir bereits als Dreijähriger vorgestellt worden war. Die Drachensaat war aufgegangen.

Das Charakteristische eines gesunden Lebensaufbaus besteht im Gegensatz dazu gerade in der Vielfalt der Handlungsmöglichkeiten, die je nach den äußeren Bedingungen Entscheidungen nach Zweckmäßigkeit, Voraussicht, Liebe oder Verantwortungsgefühl treffen kann. Wir haben mit Hilfe der Psychopathologie nachweisen können, daß solche Entwicklungsfähigkeit des mündigen Erwachsenen eben keineswegs allein eine Angelegenheit des Verstandes ist, sondern daß sie nur zustande kommt, wenn die alten, in der Kindheit voll entfalteten biologischen Antriebe zur Verfügung stehen, miteinander eine Legierung eingegangen sind und unter dem Primat des Geistes und, von ihm integriert, immer noch als „speisende Energie“ ein wenn auch verwandeltes Wirkungsgefüge bilden. Am Beispiel des Besitztriebes soll dieser Sachverhalt veranschaulicht werden:

Jedes gesunde Kind beginnt vom zweiten Lebensjahr ab mit zunehmender Intention – selbst wenn es in einem Kinderladen aufwächst –, Gegenstände in seinen Besitz zu nehmen, festzuhalten und als Eigentum gegen die Eroberungswünsche anderer Kinder zu verteidigen. Vitale Funktionen dieser Art hat der Mensch mit den Tieren noch bis in die Einzelheiten der Struktur gemeinsam. Sie dienen der Lebenserhaltung, sie sind – wie die Mythologie es sehr sinnträchtig in den vielen Tiersymbolen ausdrückt – eben tierisch. In unseren Kindern herrscht das Naturhafte zunächst noch vor, und der erwachsene Erzieher hat nur die Chance, dem Kind voranzuhelfen, wenn er diese Vorherrschaft biologischer Gesetze beachtet. Das heißt für den eben angeschnittenen Antriebsbereich: man muß Kindern zunächst genügend Gelegenheit geben, das Zupacken, Erforschen, Festhalten und Verteidigen zu üben, und ihnen danach zu einem maßvollen, das Ich begrenzenden Einfügen der neu gewonnenen Funktion in seine psychische Gesamtorganisation und seine Umwelt verhelfen. Erziehen ist an dieser Stelle dem Gärtnern höchst wesensverwandt: der gehegten, beschützten, geförderten Natur wird zunächst zu kräftiger Eigengestaltung verholfen, so daß ihr sekundär zugemutet werden kann, in einen Gesamtverband gestellt zu werden, der für die einzelne Pflanze Begrenzungen notwendig, aber auch erträglich macht. In bezug auf den Besitztrieb des Kleinkindes heißt das: Einem Kind, das zwischen dem zweiten und vierten Lebensjahr hinreichend erlebt hat, daß es im Üben des Zugreifens und Festhaltens unterstützt worden ist, kann es vom vierten Lebensjahr an durchaus zugemutet werden, im Umgang mit Gleichaltrigen die berechtigten Ansprüche anderer Kinder auf ihren eigenen Besitz zu achten und seine Besitzansprüche nicht auf Kosten der anderen zu überdehnen, das heißt alles allein haben zu wollen, sondern auf einen ihm zugemessenen Teilbereich zu beschränken. Geschieht das, so wird aus solch einem Kind dann nicht etwa ein raffgieriger, angriffslustiger, egoistischer Geizhals, sondern in Verbindung mit der Bewältigung der übrigen lebensnotwendigen Antriebsbereiche ein Mensch, der zum Beispiel seine so vorbereitete Möglichkeit, mit Geld umzugehen, anwendet, um die Hände frei zu haben etwa für eine schöpferische Arbeit oder eine kommunale Aufgabe.

In diesem Sinne kann auch die Fähigkeit, sich zu verteidigen, für die Notwendigkeit des Unterscheidens zwischen wesentlichen und unwesentlichen Lebensaufgaben genutzt werden. Der sselisch gesunde Erwachsene kann „nein“ sagen zu Entscheidungen in Situationen, die für ihn Rückschritt, Irrweg, Stagnation oder Selbstverfremdung bedeuten würden. Die Grundfähigkeit, sich abtrennen, sich verteidigen zu können, die in der Kindheit geübt worden sein muß, bewirkt im Erwachsenenalter die Möglichkeit, sich einen Handlungsspielraum zu schaffen, der die Voraussetzung zu konstruktiver Arbeit ist. Weder der schöpferische noch der besonders sozial befähigte Mensch wird seine Gaben zur Verwirklichung bringen können, wenn er infolge einer Aggressionshemmung nicht in der Lage ist, sich den Abstand um sich herum zu schaffen. Er würde von der Fülle der Ansprüche seiner Umwelt überlastet und so rasch arbeitsunfähig werden. Der Notschrei der Dichterin Ingeborg Bachmann: „Abstand – um Himmels willen Abstand!“ kennzeichnet die Position und die in einen konstruktiven Lebensaufbau integrierte Fähigkeit zur Selbstverteidigung. Ein solches Integrieren der biologischen Funktionen unter den Primat des freien Geistes entspricht dem mythologischen Bild des Knaben, der dem geflügelten Löwen aufsitzt, oder dem Bild des Reiters, der ein stolzes Pferd zügelt, wobei in diesem Symbol das Tragende, das Erhebende und das Beschleunigende, ja Stärkende der Triebfunktion ebenso zum Ausdruck kommt wie der Aspekt der Bändigung dieser Kräfte.

Eine solche ausgewogene Bändigung kann in einer gefährlichen Weise erschwert werden, wenn es die Erzieher zum Beispiel vereiteln, daß ein Kind seinen Besitz zu verteidigen lernt. Dann spaltet sich der verdrängte Antrieb von einer gesunden Integrationsmöglichkeit ab, er beginnt wie ein Krebsgeschwür unsichtbar zu wuchern, bläht sich zu einer riesigen Besitzgier auf und bricht im Erwachsenenalter als die Tendenz auf, Besitz zu sammeln, zu horten und das Gold zu bewachen wie der Drache Fafnir den Schatz der Nibelungen, also ein vom Mammon Besessener zu werden. Ungepflegte Antriebe werden zu Ungeheuern, zu aggressiven, gewalttätigen, verschlingenden Dämonen, ja sie können zu planvoller Bösartigkeit werden, wenn sie in diesem Zustand eine Legierung mit dem Verstand des erwachsenen Menschen eingehen. Das mythologische Bild des Teufels, dieses behaarten, behuften, behörnten und beschwänzten Wesens, das so seine Triebhaftigkeit dokumentiert, aber doch in Gang, Gestalt und Sprache Mensch ist, gibt unnachahmlich treffend die Wahrheit des Charakters des Bösen wieder. Wenn das Dämonische in uns die Oberhand gewinnt – als Herrschsucht, als Geltungs- und Ruhmsucht, als Geiz, als Sexualsucht, als Trink- und Freßsucht, als Schlaf- und Gammelsucht, ja schließlich als Zerstörungssucht, so bedeutet das also immer ein Steckenbleiben, ja ein Überwuchern des Tierischen in uns, das im Grunde eine positive Funktion hat: nämlich die Voraussetzung bildet für die Verwirklichung höherer, menschlicherer Lebensformen.

Aus diesen Erfahrungen wird deutlich: Die Natur, die Materie, der Stoff ist ursprünglich nicht der Feind des schöpferischen Geistes. Sie *wird* es nur, wenn man sie falsch behandelt, wenn man sie vernachlässigt, mißachtet, einschnürt, kränkt oder ihre Funktion, eine gute Dienerin werden zu sollen, nicht mehr versteht, sie statt dessen vergottet oder in künstlichen Nährböden zur pathologischen Wucherung bringt. Jede Zeit hat in dieser Hinsicht spezielle Gefahren der Entartung gehabt. Verteufelung der Sinnenfreude im Mittelalter hatte ihr exzessives Überborden im Barock zur Folge; Vergewaltigung der Natur durch Technisierung macht sie zur Widersacherin des Lebens (die Luft- und Wasserverschmutzung ist dabei nur ein einzelnes, besonders sichtbares Beispiel). Geschehen kollektiv solche Fehlentwicklungen, schießt das „Böse" pilzartig hervor und macht es nötig, in unvermeidlicher Einseitigkeit zum Kampf gegen das Überhandnehmen der zerstörerischen Kräfte anzutreten. Von solchen Geistkämpfen künden die Kunstwerke mit apokalyptischen Darstellungen, berichtet die Mythologie als Drachenkampf des Michael, des Georg, des Siegfried. Die Verselbständigung, das Überhandnehmen und Entarten von „tierischen Antrieben" wird also in der Bildersprache der Seele zu Recht als feindseliges, bedrohliches, riesengroßes und übermächtiges *Tier*ungeheuer dargestellt. Diese Darstellungen geben uns Aufschlüsse, die wir heute – in unsere rational-logische Sprache übersetzt – wissenschaftlich untermauern können; sie sind Ausdruck verselbständigter, wuchernder biologischer Triebe im Menschen.

Mythologisch gesprochen, befinden wir uns heute also in einem überdimensionalen neuen Angriffskrieg solcher Ungeheuer, des Drachens Leviathan, der im Buch Hiob ausdrücklich als der gefährliche Widersacher des Menschen geschildert wird, denn „er verachtet alles, was hoch ist" – und der Schlange aus dem Sündenfallbericht. Diese Schlange, der Geist der Revolution, des Renegaten, des Veränderers in jedem von uns, so wird gesagt, erwirkt die Abtrennung des Menschen aus seiner Urheimat in Gott, bewirkt jenen feindseligen Riß in der Welt, den Dualismus zwischen Gut und Böse, Trieb und Geist. Das heißt, die Verselbständigung des Menschen macht es möglich, daß der zerstörerische Trieb zur Eigenmächtigkeit in ihm zur Wucherung gelangt, zu einer Selbstherrlichkeit, die den Menschen in die Gefahr bringt, sich so sehr an die Materie zu binden, daß er schließlich selbst in die Formlosigkeit zurücksinkt, daß er in die Gefahr gerät, dem Ersticken des Geistes durch die Materie zu verfallen. Von der zur Bosheit entarteten Schlange, diesem Geist des Niedrigen, Materialistischen, Oberflächlichen, der auf absolute Zerstörung sinnt, werden wir uns, so sagt die Genesis prophetisch, in die Ferse stechen lassen. Ist es heute soweit?

Wenn wir das verhindern wollen, wenn wir nicht in endgültiger Vernichtung enden sollen, gilt es zu durchschauen und zu unterscheiden, daß alles Tierische, alles Triebhafte im Grunde eine positive Funktion im Werdeprozeß der Schöpfung hat, daß es nur durch Abspaltung und Verabsolutierung zum Widersacher werden kann. Geschehen Entfaltungsbehinderungen der eben beschriebenen Art in zu vielen Menschen, so kann sich geradezu ein „böser" Zeitgeist manifestieren, der den Paulusausspruch rechtfertigt: „Wir kämpfen nicht (allein mehr) gegen unser Fleisch und Blut, sondern gegen Fürsten und Mächtige." Wir haben daher heute die Aufgabe, den Charakter des krankhaft Wuchernden ins Bewußtsein zu rufen, um zu einem neuen Ansatz der Integration des Tierischen in das Menschlich-Geistige vorzustoßen, denn wir könnten auf diese Weise die Hoffnung haben, die Gewalt des abgespaltenen, verselbständigten Bösen zu positiver Energie umzulenken in dem Sinne, wie Herder es in mythologischer Sprache folgendermaßen ausdrückt: „Im Reich Gottes existiert nichts Böses, das Wirklichkeit wäre. Alles Böse ist ein Nichts."

Wenn die dritte Bitte des Vaterunsers „Dein Reich komme!" sich erfüllen soll, wenn je eine endgültige Harmonie unter dem Primat liebenden Geistes verwirklicht werden soll, brauchen wir Selbsterziehungsweisen, die uns ein pflegliches, ehrfürchtiges, bewußtes Umgehen mit unserer „Natur" ermöglichen. Die Materie, der Stoff, die lebenserhaltenden biologischen Antriebe des Menschen sind Mittel zu einer Verwirklichung des freien, schöpferischen Geistes. Wir geraten in Sackgassen, wenn wir das Stoffliche in uns und um uns als Voraussetzung zum Erreichen dieses Zieles verleugnen. Weder durch die absolute Forderung nach Abschnürung der Triebe in harter Askese noch durch die Verleugnung des Stofflichen, zum Beispiel des Besitztriebes im Schrei nach einem schein-sozialistischen Paradies, haben wir die Chance, vorwärtszukommen. Die Verleugnung der irdischen Wirklichkeit des Menschen führt dazu, von ihr überflutet, gerade von den verleugneten Teilen aufgesogen, von ihnen besessen gemacht zu werden. Deshalb sagt Ovid mit Recht: „Fliegst du zu hoch, so wirst du die himmlischen Häuser verbrennen, oder zu tief, so versengst du die Erde", denn wir geraten eben auch in Sackgassen, wenn wir die Aufgabe der Materie, ein Mittel zu sein, nicht mehr sehen und uns ihr allzu erdnah im „Tanz um das goldene Kalb" verschreiben. Damit verkaufen wir in der Tat unsere Seele, wie es im Märchen als Pakt mit dem Teufel dargestellt wird, geben uns dem Vergänglichen anheim und verbauen uns den Weg, mit unserem kleinen individuellen Leben teilzuhaben an der Ausführung des großen Plans: der Verwirklichung des liebenden, schöpferischen Geistes mitten in der Materie. Die Bewältigung der Natur durch die Technik kann uns nur zum Segen gereichen, wenn wir sie als Hilfe verwenden, um mehr Zeit, mehr Raum, mehr Freiheit zur Verwirklichung solcher Ziele zu haben. Dient uns die Technik allein dazu, es uns bequemer zu machen, so verfehlen wir ihre positive Hilfsmöglichkeit. Die psychotherapeutische Erfahrung lehrt, daß eine solche Fehleinstellung sich als grausame Sackgasse erweist. Sie schlägt mit einer furchtbaren Konsequenz: mit der Sinnentleerung des Daseins, mit gelangweiltem Überdruß, die Impulse zur Selbstvernichtung aktivieren. Nikotin-, Alkohol- und Rauschgiftmißbrauch können Symptome dieser ausweglosen Sackgassensituation sein. Die Neigung zu schleichenden Selbstzerstörungsformen wie auch die zum aktiven Selbstmord kann uns anzeigen, daß es dem Menschen nicht gelungen ist, sich in einer seinen Fähigkeiten und Möglichkeiten entsprechenden Weise in den Dienst aufbauender Kräfte zu stellen. Dazu ist es nicht nötig, ein Schloß zu besitzen, Philosophie zu studieren oder mit einer hohen künstlerischen Begabung gesegnet zu sein. Jede Hausfrau, die sich um schöne, maßvolle Ordnung müht, jede Mutter, die die ihr durch Wasch- und Spülmaschine geschenkte Zeit dem Spiel und dem Umgang mit ihren Kindern widmet, jeder Ehemann, der das mit Fleiß verdiente überschüssige Geld zu einer die Partnerschaft vertiefenden Urlaubsreise mit seiner Frau verwendet, vollzieht Schöpfung. Nur dann empfindet der Mensch sein Leben als sinnerfüllt, nur so hat er die Chance, ein werdender, sich steigernder, offen bleibender und damit ein glücklicher Mensch zu werden. Unser Wohlstand ist nur dann kein Schnellzug in die kollektive Selbstvernichtung, wenn wir unsere erweiterten Möglichkeiten zum Konsum täglich neu an dem Maßstab messen, ob das Kaufbare uns als Mittel dient, frei zu werden zu menschlicheren, konstruktiveren und damit seelisch befriedigenderen Lebensformen. Solange wir das Konkurrieren mit dem Nachbarn, stumpfes Nachahmen oder größere Bequemlichkeit allein als

Kriterium verwenden, haben wir keine Chance, mit dem geistigen Anspruch, den das Leben an uns als Menschen stellt, fertig zu werden. Dieser „Anruf" ergeht an jeden einzelnen von uns, ja lebt in uns als „Daimonion", als innere Stimme. Sie besagt, nach Kräften „mit unseren Pfunden zu wuchern", wobei es weniger darauf ankommt, *was* der Mensch tut, sondern *wie,* in welchem Geist er seine Aufgaben in Angriff nimmt. Selbst Arbeit am Fließband kann als ein sinnvolles Tun empfunden werden, als ein Herstellen lebenserleichternder Gegenstände, als ein Schaffen für die anderen zu mehr Unabhängigkeit von der Natur, als Verdienen des Lebensunterhalts, das von fesselnden Existenzsorgen erlöst. Die Befriedigung, die sich durch Arbeit im Menschen einstellt, hat unbewußt ihren Grund eben in dieser gleichnishaften Aufgabenerfüllung, die den Sinn menschlichen Lebens ausmacht. So kann selbst die Arbeit des Straßefegens zum Beispiel im kleinen einen konstruktiven Urvorgang wiederholen und in seiner Verwirklichung bekräftigen: das Chaos abzuwehren und in seine Grenzen zu weisen. Ja, man kann geradezu sagen: Je elementarer der Vorgang ist, um so sicherer vermag das „Vergängliche" ein Gleichnis des Unvergänglichen zu sein. Indem eine Mutter die biologischen, die triebhaften Bedürfnisse ihres hilflosen Säuglings erfüllt, weckt sie Gefühle des Geborgenseins, die im Leben dieses Menschen später dazu führen, von einer optimistischen Stimmung getragen zu sein, die ihn stark machen, um dem Leben gewachsen zu sein. Aber außerdem wird durch diese Sicherheit, diesen Reichtum der Seele auch die Voraussetzung geschaffen, selbst ein aktiv Bergender seinen Mitmenschen gegenüber zu werden, ja diese Vorerfahrung durch den liebevollen und gehorsamen Geist der Mutter ist für das Kind eine entscheidende Voraussetzung, sich später in Gott geborgen fühlen zu können, Gott als einen Bergenden zu erleben. Weil das Erfüllen einer Mutteraufgabe in dieser Weise objektiv sinnvoll ist, befriedigt und beglückt es junge Frauen, ganz gleich, ob sie sich der eben geschilderten Zusammenhänge bewußt sind oder nicht.

Wir können an diesem Beispiel lernen: In einem freiwilligen Befolgen von Naturgesetzen besteht für den Menschen eine Möglichkeit, seine Nachkommen für eine höchstmögliche Befreiung von ihnen im Erwachsenenalter vorzubereiten. Die „Stofflichkeit" des Menschen im weitesten Sinne muß erst pfleglich entwickelt werden, ehe sie in der Lage ist, als ein Gefäß des Geistes in den Dienst genommen zu werden.

Dabei besteht unsere tragische Schwierigkeit heute darin, daß unsere Väter in Unkenntnis dieser Zusammenhänge, besonders auch in bezug auf die Kindererziehung, einem triebfeindlichen Geist huldigten, der heute das Hervorbrechen der gestauten Kräfte als „Emanzipationsbewegung" bewirkt. Die triebfeindliche Abspaltung beschwor eine unterschwellige Wucherung, eine Verabsolutierung und damit eine Dämonisierung von Antrieben herauf. Ein Symptom dieser zum Ausbruch gekommenen Abspaltung ist zum Beispiel die Sexwelle. Mythologisch könnte man sagen: Die Ungeheuer, die wuchernden, dämonisierten Triebbereiche, werden mit blindem Freudengeheul in Empfang genommen. Man öffnet ihnen die Stadttore, führt sie auf den Markt und füttert sie demonstrativ, als seien sie Zootiere in unserer Hand. Dabei unterschätzt man weitgehend die chaotische Macht vergotteter Antriebe. Es ist, als ob die alte Schlange mit aller List einen neuen kalten Krieg der Zerstörung begonnen hat.

Was in dieser Hinsicht zur Zeit geschieht, ist deshalb so atemberaubend teuflisch im oben beschriebenen Sinne, weil unsere kollektiv morbide Situation, die durch die Dämonisierung der Antriebe in vielen einzelnen unerkannt entstanden ist, mit Hilfe einer gezielt eingesetzten Strategie in den letzten vier Jahren mit rasantem Erfolg verschlechtert worden ist. Keine Nachdenklichkeit, kein scharfer Intellekt schützt vor der Verseuchung mit zerstörerischem Geist, weil die vernebelnde Strategie ihren Hebel nicht im Verstand, sondern in den unbewußten, ungepflegten Trieb- und Gefühlsbereichen ansetzt und ein fanatisches, unreflektiertes Überzeugtsein hervorruft.

Ich will jetzt an einzelnen Zeiterscheinungen aufzeigen, wie diese zerstörerischen Tendenzen aussehen und was sie anrichten werden, wenn wir ihnen nicht – fünf Minuten vor zwölf – Einhalt gebieten.

„Kampf der Macht der Herrschenden" schallt es heute von allen Dächern. Und dann wird uns durch Presse, Funk und Fernsehen in einer immensen Fülle von Beispielen aufgezeigt, wie unmenschlich und böse Machtausübung ist, ganz gleich, ob es die von Kapitalisten, Professoren, von Kirchenmännern oder von Chefärzten ist. Jedermann muß das einsehen, jedermann kann das nachempfinden, denn wie oft hat nicht jeder von uns schon einmal unter einem ungerechtfertigten, ungerechten Machtanspruch gestanden, wie sehr leidet jeder von uns unter irgendeiner Form von Einschränkung seiner Freiheit zu qualvoller Abhängigkeit. So wahr diese Erkenntnis im Einzelfall ist, so dringend es nötig ist für die Bewußtwerdung des Menschen, seinen Umgang mit dem Machttrieb zu kontrollieren und ihn zu zügeln, wenn er überbordet, so gefährlich ist es, dem modischen Repressionsgeschrei unreflektiert sein Ohr zu leihen, denn im Grunde ist hier allein vom *Mißbrauch* der Macht die Rede. Einem Mißbrauch von Macht zur Herrschsucht um ihrer selbst willen verfällt der Mensch um so leichter, je mehr sein Aggressionstrieb – etwa durch Prügelerziehung, Gängelei und Einengung – eingeschränkt wurde, oder je weniger die vollentfaltete Durchsetzungsfähigkeit zu pfleglicher Steuerung und Begrenzung gebracht worden ist. *Beide* Extreme, so können wir heute an der Erfahrung nachweisen (s. den Aufsatz „Aggression und Autorität" in meinem Buch „Mut zum Erziehen"), können im oben beschriebenen Sinne zu einer Wucherung des Machttriebes, zur Herrschsucht und damit zu einem Vereiteln von Reifung führen; denn ein Herrschsüchtiger ist im Grunde keineswegs souverän, sondern wird meist weiter von der irreal gewordenen Angst getrieben, selbst unterdrückt und beherrscht zu werden. Solch einen Sachverhalt kennzeichnet in unnachahmlicher Weise das chinesische Sprichwort „Aus Angst macht der Tiger Angst". Dieser Mechanismus steckt regelmäßig in der brutalen Machtausübung von Diktatoren – ganz gleich, ob sie mit unberechtigter Gewalt ein Riesenreich oder nur eine Familie an der Kandare zu halten suchen. Die Kandare abzuschütteln ist der konsequente Gegenimpuls. Mißbrauch von Macht durch die Revolution der Unterdrückten mit dem Schlachtruf „Schafft die Macht ab!" zu beseitigen kann aber kaum zu einem aufbauenden echten Fortschritt führen. Denn damit verabsolutiert man eine negative Erfahrung und bringt allenfalls eine Umschichtung der Herrschenden, bringt neue Diktatur, neuen Mißbrauch hervor. Auf solche Weise wird das „Böse" nur scheinbar wirkungsvoll bekämpft. Es erweist sich – mythologisch gesprochen – eher als eine Hydra, aus deren *einem* abgeschlagenen Kopf in Windeseile zwei neue wachsen.

Einer unterscheidungslosen Bekämpfung *jeder* Macht zu verfallen und damit neuen Mißbrauch von Macht heraufzubeschwören – dieser Gefahr unterliegt mitläuferisch und ohne Prüfung an der Wirklichkeit vor allem das Heer jener Menschen, die unbewußt eigene gestaute Impulse dieser Art mit sich herumtragen und angesichts solcher Parolen geradezu rauschartig von ihnen überflutet werden. Deshalb sind meiner Erfahrung nach besonders junge evangelische Pastoren, die aus sehr einengenden Pfarrhäusern hervorgingen, und junge Lehrer, die einen Druck- und Pfropfpädagogen zum Vater hatten, besonders gefährdet, ihre autoritären Eltern „mit dem Bade auszuschütten".

Mit der Macht ist es nicht anders als mit den übrigen vitalen Antrieben: sie wird erst böse, wenn sie um ihrer selbst willen vollzogen wird und aus diesem Grunde allein Unterlegene in ihre Abhängigkeit zu bringen oder zu halten trachtet. Sie hat hingegen eine positive Funktion, solange sie im Dienst einer zukunftsfördernden, überpersönlichen, gemeinschafts- oder arterhaltenden Aufgabe steht. An vielen Tierarten läßt sich dieser elementare Wert von Autorität bereits deutlich machen: So führt bei vielen in Gruppen lebenden Tieren die sogenannte „Hackordnung" zu einer hierarchischen Stufung, in eine Ordnung der Stärke, die keineswegs den Sinn hat, die Brutalität in der Natur zu dokumentieren, sondern die sich in dieser Weise herausgezüchtet und damit als die praktikabelste Lösung zur Erhaltung einer Art erwiesen hat: Bei Angriffen von außen übernehmen die „Mächtigen" den Schutz der Schwachen. Darin zeichnet sich der Kern echter Autorität ab: Sie hat keineswegs eine Vermehrung der Rechte allein zur Folge (die eben wäre bereits Mißbrauch!), sondern ist vor allem charakterisiert durch eine Be-gabung mit hohen Pflichten: nämlich Verantwortung für die Schwächeren der Gruppe zu tragen, für sie einzustehen, mehr zu tun, als sich um das eigene Überleben zu mühen, wie es den Rangniedrigen, Schwachen zusteht.

Auch bei uns Menschen ist Macht nicht einfach abschaffbar, solange es Schwache, Kranke, Hilflose, Alte und Kinder gibt. Ihre Schutzbedürftigkeit macht Rangstufungen unumgänglich, wenn die Verantwortung für diese Menschen nicht vernachlässigt und eine Schwächung der gesamten Gruppe in Kauf genommen werden soll. Dabei ist ja bei den Menschen die Rangordnung nicht nach körperlicher Stärke, sondern nach seelisch-geistiger Kraft, nach seelischer Gesundheit im oben beschriebenen Sinne abgestuft.

Die Macht, die ein Vater über sein Kleinkind ausübt, ein Arzt über seinen Patienten, ein Offizier über seinen Rekruten, ein Lehrer über seinen Schüler ist in Wahrheit verliehen durch die Befähigung zu einer Aufgabe, in deren Dienst die „Autorität“ handelt. Die Aufgabe des Vaters ist es, das Kind vor Gefahren zu beschützen, weil es ihm selbst dazu noch an Fähigkeiten mangelt, der Offizier und der Rekrut stehen in der gemeinsamen Aufgabe, gegen Angriffe von außen verteidigungsbereit zu sein, wobei der eine mehr Macht hat als der andere, weil er kraft der gelernten Fähigkeit die Möglichkeit erworben hat, den Anfänger anzuleiten.

Autorität und überpersönliche Verantwortung sind im positiven Sinne kaum voneinander trennbare Begriffe. In der Erziehung von Kleinkindern wird das besonders deutlich: Einsicht in die Gefährlichkeit des Straßenverkehrs zum Beispiel, der elektrischen Geräte im Haus, der Unbekömmlichkeit von unreifen Stachelbeeren oder unzureichender Nachtruhe autorisieren im Hinblick auf die „Vormundschaft“ für das Kind zum Setzen von Geboten. Lassen wir das, so machen wir das Kind in einer unverantwortlichen Weise schutzlos. Das Kind reagiert auf eine solche „Freiheit“, die es mit Recht als Vernachlässigung erlebt, auf die Dauer nicht mit Ausgeglichenheit, sondern mit angstvoller, fahrig-nervöser Unruhe und Orientierungslosigkeit.

Es ist heute dringend an der Zeit, hier eine klare Unterscheidung von gutem Brauch und bösem Mißbrauch zu vollziehen. Der Mißbrauch von Macht läßt sich nicht durch ihre unterschiedslose Diffamierung und schließlich die Abschaffung aller Führung beseitigen. Die Entwertung der positiven, ja notwendigen Funktion sachbezogener Autorität zeigt sich bereits als eine so bedenkliche kollektive Schwächung in der BRD, daß sich ernsthaft die bange Frage nach ihrer künftigen Existenzfähigkeit stellt.

Unser Suchen nach Gleichheit und Gerechtigkeit wird in einer zerstörerischen Weise ungerecht, wenn jedes „Hervorragen“ in einer öffentlichen Stellung als „böser Herrschaftsanspruch“ abqualifiziert wird. Abgesehen davon, daß das mit

Recht diejenigen kränkt, die ihr Amt als eine ihnen oft schwer zu tragende überpersönliche Pflicht ausüben, hemmt es das Streben der Jüngeren, solche Aufgaben zu übernehmen. Ein Amt, dessen Wert nicht durch die Achtung, die Billigung und die dankbereite Anerkennung der Gruppenmitglieder getragen wird, kann allenfalls von Märtyrern, Masochisten oder leider eben von Herrsch-*Süchtigen* angestrebt werden: von den letzten gibt es aber sehr viel mehr als von den ersten!

Die Abschaffung verantwortungsbewußter, im echten Sinne „autorisierter" Autorität könnte realitätsgerechtes Ziel nur sein, wenn alle Menschen von Geburt an mit den gleichen Fähigkeiten ausgestattet und von Geburt an geistig und seelisch mündige Wesen (im oben beschriebenen Sinne) wären. Weder das eine noch das andere zu erreichen wird je in der Macht des Menschen stehen. Noch sind wir sogar weit davon entfernt, die Fähigkeit, in persönlicher Freiheit verantwortlich handeln zu können, bei einem größeren Teil der Menschen wenigstens im Erwachsenenalter zu erreichen, im Gegenteil: je mehr wir die Kindheit vertechnisieren, je mehr die Erzieher durch scheinbar notlose Existenzumstände bequem, maßlos und orientierungslos werden, um so mehr kommt es zur Neurotisierung, das heißt zur Antriebswucherung und damit zur gefährlich unbewußten Unfreiheit der jüngeren Jahrgänge. Kinder und Jugendliche, die mitten im Wohlstand mehr und mehr Diebstähle begehen – die Zahl der registrierten Diebstahldelikte, die von Zehn- bis Vierzehnjährigen begangen wurden, hat in der Zeit von 1955 bis 1970 um 728 % (in Worten: um siebenhundertachtundzwanzig Prozent!) zugenommen –, zeigen, daß sie triebhaft nach Sofortbefriedigung heischen und sich selbst aufgrund eines emotionalen Hungergefühls als Habenichtse empfinden. Solche Menschen haben es schwer, Ranghohen Gerechtigkeit widerfahren zu lassen und sie in der Wirklichkeit ihrer berechtigten Autorität erfassen zu können, da Neid und Aggressivität sie überfluten und eine faire Beurteilung vereiteln.

Soll sich unter dem Druck solcher dämonisierten Antriebe Anarchie nicht uferlos ausbreiten, so brauchen wir nicht weniger, sondern mehr Menschen, die kraft ihrer Persönlichkeit und ihres Verantwortungsgefühls bereit sind, öffentliche Ämter zu übernehmen, nicht weil sie das Ihre suchen, sondern das Überleben des Kollektivs, dem sie angehören, in Freiheit zu erwirken hoffen. Daß das geschieht, können wir aber nur erwarten, wenn wir unsere diffamierende Einstellung gegen alle Autorität in bewußter Abwehr der Tendenz zur Vernebelung der Begriffe einstellen.

Die Forderung nach Gleichheit hat darüber hinaus nichts mit einer realitätsgerechten Beurteilung der menschlichen Situation zu tun. Es ist objektiv ein Unterschied, ob ein Mensch mit einem verkrüppelten Körper oder mit einem gesunden geboren wird, ob er schwachsinnig ist oder ob seine Fähigkeit zu denken die der anderen überragt, ob er als Junge oder als Mädchen geboren wird, ob er mit Zartheit oder Robustheit an Leib und Seele ausgestattet ist. Es muß die Aufgabe von hochentwickelten Kollektiven sein, solche Härten der Natur abzuschwächen; damit schaffen wir aber keineswegs die Verschiedenartigkeit der Menschen und damit auch nicht die Ungleichheit ihrer Möglichkeiten aus der Welt. Ungleichheit zu verleugnen kann allenfalls zu einer Nivellierung führen, die dem Ganzen nicht nützt, sondern schadet, weil sie geistiges Niveau senkt. Die Hitzigkeit der Diskussionen heute um dieses Thema zeigt immer wieder, daß die wirklichkeitsgerechte Einsicht vernebelt wird durch den Neid auf die, die einen „höheren Rang" haben, und durch die Unfähigkeit, zu unterscheiden einerseits zwischen der Anerkennung unumgänglicher Verschiedenartigkeit der Begabungen und andererseits dem Bedürfnis, allen Menschen in brüderlicher Weise zur Achtung zu verhelfen. Das Streben nach Verwirklichung dieses Bedürfnisses kann gar nicht genug betont und in den Vordergrund gestellt werden – es hat aber gerade nichts zu tun mit der Verteufelung *irgendeiner* Gruppe, auch der der Mächtigen und Reichen nicht, die ja sogar in der Selbstmordstatistik unter allen sozialen Schichten an erster Stelle stehen; das drängende Bedürfnis, *allen* Mitmenschen die ihnen gebührende Achtung zu zollen, kann allenfalls mit Hilfe von Eintrübungen der Klarheit des gesunden Menschenverstandes ausgerechnet den Schrei nach Gleichheit zur Konsequenz haben.

Zusammenfassend läßt sich in bezug auf dieses Thema sagen: Sosehr es nötig ist, den Mißbrauch von Macht als eine Wucherung unmündiger Triebhaftigkeit zu entlarven, sosehr es nötig ist, daß alle „Autoritäten" die Gefahr des Mißbrauchs ihres Amtes durch ein Überborden des Machttriebes im Bewußtsein haben, um die Motive ihres Handelns immer wieder gewissenhaft hinterfragen zu können, so unumgänglich ist es gleichzeitig, dem „Autorisiertsein" für bestimmte Aufgaben seinen gruppenerhaltenden Wert zuzuerkennen und ihren Trägern die Achtung und den ihnen notwendigen Handlungsspielraum nicht zu versagen.

Eine ähnliche Verwirrung und Unfähigkeit zu differenzieren macht sich heute im Bereich der Begriffe Ordnung, Norm und Gesetz breit. Unter der Vernebelung des positiven Aspektes der Autorität kommt es zu dem Fehlschluß, daß alle Ordnungen, alle Normen und alle Gesetze willkürlich von den bösen Herrschenden „gemacht" worden sind, um auf diese Weise Repression und Untertanengeist zu erwirken. Auch hier fehlt es an einer abgrenzenden Unterscheidung zwischen gutem Brauch und gefährlichem Mißbrauch. Ordnungen können übertrieben werden und durch ihre Verabsolutierung zu unfruchtbarer Stagnation führen – jede putzsüchtige Hausfrau kann dafür als Beweis dienen –, Gesetze können erstarren und wegen der veränderten äußeren Situation revisionsbedürftig werden. Normen können von Diktatoren aus willkürlicher Herrschsucht erdacht und durchgesetzt werden – alle solche Fehlformen menschlicher Bedürfnisse müssen mit wachem, kritischem Geist hinterfragt werden. Aber wir können aus der Tatsache, daß es Mißbrauch von Ordnung gibt, nicht den Schluß ziehen, man könnte alle Ordnung, alle Normen, alle Gesetze abschaffen. Das wäre genauso unsinnig, als kämen wir zu dem Schluß, das Geld abschaffen zu müssen, nur weil einzelne mit ihm Mißbrauch treiben. Dieser Prämisse liegt eine Vorstellung vom Menschen zugrunde, die bereits aus dem 18. Jahrhundert, dem Zeitalter der Aufklärung, stammt, nämlich daß der Mensch von Natur gut sei und daß seine Erziehung allein darin bestehen sollte, durch Nichtbeeinflussung dieses Gutsein zu freier Schönheit zu entfalten. Wir haben aber in der Praxis erfahren, daß dieses Modell eine enorme Unterschätzung der Notwendigkeit von Erziehung, eine Unterschätzung der Abhängigkeit des Menschen von bestimmten Entfaltungsbedingungen darstellt. Der Mensch wird nicht zum Menschen ohne bestimmte, seinem jeweiligen Entwicklungsstand angemessene Fremdeinwirkungen. Sie generell als Fremd*herrschaft* zu diffamieren setzt eine irreführende pädagogische Prämisse. Ich habe an zahllosen Beispielen aus der Praxis aufgezeigt, daß durch unzureichende oder unangemessene Umweltbedingungen in gesetzmäßiger Starre typische Charakterverbiegungen und seelische Leiden hervorgerufen werden können. Nichtbeeinflussung des Kindes durch die Erwachsenen bietet keine Gewähr dafür, daß der Mensch ein Mündiger wird; im Gegenteil: Kinder in einer Laissez-faire-Erziehung mißverstehen die Tatenlosigkeit der Erzieher als Gleichgültigkeit und entwickeln eine penetrante Rachsucht gegen sie. Aber auch die Vorstellung, daß das Kind unbeschadet formbar ist, als grenzenlos weiches Wachs in der Hand seiner Erzieher, ist graue Schreibtischtheorie. Wir haben in unserem Alltag lernen müssen, daß der Mensch keineswegs grenzenlos plastisch, keineswegs, ohne Schaden zu nehmen, grenzenlos manipulierbar ist. Wir sind mit Hilfe der Kinderpsychotherapie keineswegs auf die Absolutheit der Normfreiheit, auf menschliche Autonomie, sondern gerade auf die Begrenztheit des Menschen, auf die Beschränkung menschlicher Möglichkeiten gestoßen. Wenn man zum Beispiel – wie bei uns in der Bundesrepublik – eine riesige Kampagne startet und die Frauen von ihren Säuglingen fort in die Berufe drückt, die Kinder, statt ihre urtümlichen Bedürfnisse zu befriedigen, nach allen Regeln der Kunst ihre Kindheit hindurch verwöhnt, so züchtet man ein Heer von Erregern der seelischen Erkrankung Verwahrlosung. Sie manifestiert sich heute in allen antisozialen Variationen, wie sie nun einmal dem individuellen Schicksal entsprechen: als aggressive oder als sexuelle Verwahrlosung, als Suchterkrankung, als Kleptomanie, als Hochstapelei oder als Gammlertum. Und jede Variante hat ihre spezielle, ja geradezu einförmig typische Vorgeschichte.

Wir können es uns deshalb nicht erlauben, den Menschen nach eigenem Ermessen den Erfordernissen der Industriegesellschaft anzupassen, indem wir argumentieren, der Mensch sei das absolut lernfähige Wesen, er müsse von uns für die Erfordernisse der durch die Technik geprägten Welt gemacht werden. Das geht immer nur unter Beachtung bestimmter Naturgesetze, bestimmter Entfaltungsbedingungen. Wir kämen ja auch nicht auf die Idee, zum Mond zu fahren, ohne die Gravitationsgesetze genau zu beachten. Wir tun das nicht, weil wir wissen, daß wir mit Sicherheit Schiffbruch erleiden würden.

Ich will damit sagen: *Ein* positiver Beitrag tiefenpsychologischer Erkenntnisse in bezug auf die dringend notwendige Bewußtseinserweiterung und damit auch eine Voraussetzung zur Neubildung ethischer Normen könnte im Aufgeben der Fehlvorstellung von der schrankenlosen Machbarkeit des Menschen bestehen. Wir können zwar nachweisen, daß der Mensch, je jünger er ist, um so leichter biegbar, verführbar, verformbar ist. Aber wir können auch die unverantwortbaren, krankmachenden, zukunftverspielenden Folgen beschreiben, die in all ihrer eisernen Konsequenz eintreten, wenn unumgängliche lebens- und arterhaltende Bedingungen außer acht gelassen oder unzulässigerweise manipuliert werden. Daß der Mensch nicht zur Gesetzlosigkeit schlechthin berufen ist, daß er seine Grenzen überschreitet, wenn er meint, er könne sich alles je nach Lust und Laune erlauben, das läßt sich eben anhand der Erfahrung der Psychopathologie beweisen. Willkür in der Erziehung – nach welchem ideologischen Konzept auch immer – kann seelische Entfaltung behindern, ja in schlimmen Fällen die Seele verstümmeln.

Ich kann die Gesetze, die auf diese Weise an der Praxis sichtbar wurden, hier nur andeuten; aber eines ist sicher: Wenn der Mensch die Chancen bekommen will, als Erwachsener nicht ständig durch geschädigte Antriebe in seiner Willensfreiheit behindert zu sein, hat er es nötig, sich an bestimmte Vorschriften zu halten. Diese *Vor*schriften können nicht nach eigenem Ermessen ausgedacht werden, wenn sie das Ziel, die Entscheidungsfreiheit des Menschen, erreichen wollen. Sie sind eine Folge des genauen Beobachtens und Erforschens der Entfaltungsbedingungen des Menschen. So relativierend die Erkenntnisse über die Verstörungsmöglichkeit des Menschen durch Umwelteinflüsse auch zu sein scheinen, so führen sie bei genauerer Betrachtung doch zu der Erkenntnis, daß der Mensch auch in bezug auf die Gestaltung seines Lebens zunächst von ehernen Naturgesetzen abhängig ist. Die Chance, einen Status zu erreichen, in dem Freiheit von ihnen möglich ist, kann ihm nur zuteil werden, wenn er sie zunächst beachtet. Nur wenn ein Menschenkind einen Erzieher hat, der – bewußt oder unbewußt – auf die Naturgesetze hört und sich ihnen stellvertretend für das Kind unterwirft (wie zum Beispiel den Gesetzen der Brutpflege), hat es die Chance, aus ihrer Herrschaft teilweise und zunehmend mehr bereits zu Lebzeiten entlassen zu werden. Denn erst in der Welt mündiger Erwachsenheit verliert die Natur ihr Primat. Entwicklungspsychologisch gesehen, ist Gesetzlichkeit die angemessene Passung für Lebewesen, deren geistig-seelischer Status die „Vorschrift“ unumgänglich nötig macht, und zwar trifft das zu sowohl für die Stammesgeschichte wie für die Einzelentwicklung. Freiheit von der Natur setzt ihre geistige Integration, nicht ihre Vergewaltigung, Verdrängung oder Vernachlässigung voraus. Erst ein Mensch, der bewußt in der Lage ist, der Natur zu geben, was der Natur gebührt, hat die Chance, eine Reifestufe zu erreichen, in der Raum ist für freiheitliches und verantwortungsbewußtes Handeln. Daher ist auch erst der seelisch und geistig ausgereifte Mensch kraft seiner Einsicht in seine Gebundenheit in der Lage, eine Befreiung von äußeren Normen zu ertragen, ohne in die Gefahr einer anarchistischen Inflation seiner Antriebe durch ein Ausmaß an Freiheit zu geraten, das seinem Entwicklungsstand nicht entspricht. Erst dem wirklich mündigen Menschen ist es möglich, den äußeren Sittenkodex durch persönliche Entscheidungsfreiheit zu ersetzen, da er sich freiwillig dem Geist der Liebe als einem Gradmesser seines Handelns unterstellt hat. Dieser Status ist aber geradezu bestimmt durch die Einsichtsfähigkeit in die Notwendigkeit von Ordnung und durch die persönliche Entscheidung, sich selbst um der anderen willen an sie gebunden zu fühlen. Der echte Freie ächzt unter einer sehr viel schwereren Last als das beschützte unmündige Kind: unter der Last seiner Verantwortung. Deshalb kann das leichtfertige Getöse um die Auflösung von Gesetzen mit dem Hinweis nur auf das „Recht“ auf Freiheit, das „Recht“ auf Sexualität, auf Mitbestimmung, auf „den eigenen Bauch“ etc. unreflektiert böse Demagogie sein; denn sie gaukelt eine Erleichterung des Lebens vor, die es im Status verantwortungsbewußter Mündigkeit nicht gibt. Denn der Mündige trägt den ganzen Ballast des vollen Wissens und damit die drückende Entscheidungsnot zwischen schwerwiegenden Alternativen in seinem Bewußtsein. Erst ein solcher Status bei einer großen Anzahl von Menschen und ihr hoher Informationspegel könnte die Voraussetzung bilden zur Auflösung von Gesetzen.

Da dieser Status aus den eben beschriebenen Gründen aber heute nur noch von einer immer kleiner werdenden Zahl von Menschen im Erwachsenenalter erreicht wird, ist das Postulat gesellschaftlicher Normfreiheit nicht nur eine unrealistische, sondern auch höchst gefährliche Tendenz. Sie ist auch keineswegs ein gesundes Zeichen echten Fortschritts – im Gegenteil: es ist ein Zeichen von Reife, Grenzen zu kennen, anzuerkennen und sich selbst aufgrund eines persönlichen Verantwortungsgefühls Einschränkungen auferlegen zu können. Freiheit ohne Schranken fordert gerade der Unmündige, der seelisch Kranke, der aufgrund gestauter und unbewältigter Antriebe maßlos nach Sofortbefriedigung Heischende. Das läßt sich in jeder Einzelbehandlung immer wieder erfahren.

Erkenntnisse dieser Art müßten zum Beispiel auch Konsequenzen in bezug auf das Strafgesetzbuch haben; denn sie können eben gerade nicht in der paradoxen Schlußfolgerung bestehen, Menschen, die sich in einem solchen vormoralischen Zustand befinden und per Triebdurchbruch Straftaten begehen, auf freien Fuß setzen zu wollen – im Gegenteil: viel konsequenter müßte die Straftat als ein deutlicher Beweis dafür gewertet werden, daß hier Unfreiheit, Unmündigkeit, Entwicklungsrückstand in einem Maß vorhanden ist, die der ständigen Beobachtung, Betreuung, intensiver Überwachung, ja unter Umständen sogar des ständigen Freiheitsentzuges bedarf. Diese Konsequenz müßte schon allein deshalb vollzogen werden, um die Gesellschaft zu schützen – aber auch, um Verantwortung für diese Unmündigen zu übernehmen. Dabei muß ich von meinem Fach her sagen: Man macht sich die Sache ganz gewiß zu leicht, wenn man meint, durch eine Auflage etwa von zehn Verhaltenstherapiestunden oder einem zwölfmaligen Sensitivitytraining eine Nachreifung erreichen zu können. Es dreht sich überhaupt in den seltensten Fällen nur darum. Meistens ist die Straftat der manifest gewordene Knoten eines riesigen unterschwelligen Geschwürs, das oft bereits irreparable Zerstörungen angerichtet hat. Die Hoffnung, Triebtäter etwa durch eine Hirnoperation oder durch Kastration, durch Schocktherapie oder ein bißchen Fürsorge heilen zu können, ist eine geradezu dummerjanige Illusion. Natürlich kann man einen Verstümmelten so zusätzlich verstümmeln, daß er nicht mehr kriechen kann – mit einer Beseitigung der Erkrankung haben solche Manipulationen aber nicht das geringste zu tun. Hart möchte ich daher an dieser Stelle im Hinblick auf alle Hoffnungen auch auf die Seelenärzte der Zukunft sagen: Viele dieser

Fälle sind irreparabel krank, sie sind fehlgeprägt, und wir können daraus nur die bittere Konsequenz ziehen, diesen Menschen in der Verwahrung menschenwürdige Lebensbedingungen zu schaffen, da die freie Umwelt für sie zu einer unerträglichen Dauerbelastungssituation wird, vor der wir sie und uns zu schützen haben. Um solche Regelungen treffen zu können, sind Gesetze unumgänglich.

Aber schlimmerweise gibt es bei uns kaum Institutionen, die die Funktion übernehmen können, für Kranke dieser Art in echter Weise menschenwürdige, beschützende Werkstätten unter der Obhut des Staates zu sein.

Ich bin hier aber allein auf die Fragen der Gesetzesbrecher eingegangen, um anhand der kinderpsychologischen Erkenntnisse aufzuzeigen, wie sehr durch die Krankheiten der Seele im Entfaltungsprozeß des Menschen eherne Naturordnung sichtbar wird, der wir uns nicht achtlos entziehen können. Es ist die Aufgabe verantwortlicher Menschenführung, die Vorschriften, die der Art Mensch gesetzt sind, möglichst naturgetreu in ihren Institutionen stellvertretend zum Ausdruck zu bringen und ihnen zur Verwirklichung zu verhelfen.

Viele der alten ethischen Normen waren sicher auf dem Grund der bitteren Erfahrung, aus der Not der Zweckmäßigkeit, aus dem Unvermögen zu persönlicher Entscheidungsfreiheit und Einsichtsmöglichkeit erwachsen. Wir sind heute über Normen dieser Art keineswegs erhaben. Sicher mag die eine oder die andere im echten Sinne überholt sein. Bei vielen anderen verstehen wir nur törichterweise ihren Sinn nicht mehr. Und müssen wir ihn nun wirklich erst wieder – durch wie viele Generationen hindurch – bitter am Übermaß von Not, Krankheit und Seelenverstümmelung erlernen? Oder können wir nicht doch dieses in der Natur übliche strapaziöse Verfahren abkürzen, indem wir aus Einsichten in die Psychopathologie Konsequenzen ziehen?

Sehr unmittelbar läßt sich der Sinn sittlicher Strukturen z. B. am Familiengefüge erkennen. Es läßt sich bestimmt nicht unbeschadet abschaffen. Kinder arbeitender unverheirateter Mütter haben absolut keine Chancengleichheit mit solchen, die das erste Lebensjahr bei einer glücklichen Familienmutter verbringen dürfen, bei denen ein Vater den Unterhalt verdient, sie haben viel weniger Chancengleichheit, als sie zwischen einem

Arbeiter- und einem Akademikerkind aus vollständiger intakter Familie besteht. Viele Tabus, wie zum Beispiel die Inzestschranke zwischen Eltern und Kindern, sind nicht nur in bezug auf das Erbgut zweckmäßig, sondern sie sind unumgänglich, weil sonst die Ausrichtung auf einen fremden gegengeschlechtlichen Partner nicht unbewußt vor sich geht, sondern durch Angst blockiert wird. Ich könnte viele Beispiele bringen, die alle deutlich machen, daß die wenigsten alten Ordnungen willkürlich von Menschen zur Menschenunterdrückung *gemachte* Normen waren. Diese verschwinden wieder von der Bildfläche der Geschichte, wenn sie Mißbrauch sind, enden bald in der Zerstörung, wie uns Hitlers „Tausendjähriges Reich" eindrücklich vor Augen geführt hat. Die Vielheit zeitbedingter Moralen fußt auf einer dem Menschen arteigenen Ethik, die in einer transzendenten Ordnung wurzelt. Der Beweis von Echtheit oder Unechtheit, von Einklang oder Mißbrauch wird am *Leben* erbracht und daran, ob der jeweilige Brauch die Chancen zu menschlicher Höherentwicklung steigert oder mindert. Höherentwicklung in bezug auf seelisch-geistige Differenziertheit ist aber – genau wie bei der Mondfahrt – nur auf der Basis der Beachtung und Einhaltung von Naturgesetzen vollziehbar. Viele dieser Grundgesetze sind uns in bezug auf den Menschen bisher nicht ins Bewußtsein gedrungen. Solange sie in natürlicher Ordnung gelebt wurden, war das auch nicht nötig. Heute, im technischen Zeitalter, wo wir sie mit der Auflösung der agrarischen Kultur verlassen haben und mit dem Glauben an unsere unumschränkte Machbarkeit versuchen, uns die Erde zu versklaven, steht sie in ungeheuerlicher Dämonie auf und singt uns in der seelischen Entartung und Erkrankung des Menschen ihr Rachelied. Die Psychopathologie kennt den Text dieses Liedes, aber sie kann nur helfen, wenn wir ihn lernen und eilig beginnen mit den alten Ritualen, dem Opfern, dem Knien, dem Beten zur Beschwichtigung des Zornes der Göttin Natur.

Ich spreche absichtlich an dieser Stelle wieder in der Sprache der Mythologie, damit wir erkennen, daß das religiöse Ritual bis hin zum Mummenschanz der Naturreligionen keineswegs dummer Aberglaube war, sondern Gefühl für Wesensbezüge, das wir schlimmerweise verloren haben – daß es uns wohl auch heute noch ansteht, zu horchen, was gemeint ist, um, wenn wir etwas aus der eigenen Tiefe oder durch begnadete Menschen erfahren haben, ohne jämmerliches Trotzgeschrei aus infantiler Unmündigkeit heraus mit Ernst zu *gehorchen.*

Denn dieses ist ein Beitrag, den die Tiefenpsychologie von ihrem kleinen Erfahrungsfeld her zur Bewußtseinserweiterung heute leisten kann: den Zusammenhang der Lebenswirklichkeit mit einem absoluten Seinsgrund und ihre Abhängigkeit von ihm spürbar zu machen. Uns Fachleuten wird das in den Träumen unserer Patienten sehr deutlich vor Augen geführt. Diese Träume haben eine außerordentlich wichtige Funktion, nicht allein kompensatorischer Art – viele warnen, andere führen, einige sind in ihrer Dringlichkeit wie blinkende Signale, die so lange wiederkehren, bis sie unnötig geworden sind. Im Schlaf geschieht etwas am Menschen mit Hilfe von Bildern, in einer Sprache, die wahrer ist als der Alltag, die wir nicht mit unserer bewußten Oberfläche, wohl aber mit unserer Tiefe verstehen, dort – wo der Brunnen noch offen ist zu der Welt jenseits unserer sinnlichen Wahrnehmung. Und das ist gewiß nicht nur in den individuellen Träumen so, sondern auch in den großen überlieferten kollektiven Träumen, wie zum Beispiel in den Geschichten des Alten Testamentes. Wie, wenn wir sie mit unserem Tagesbewußtsein so wenig verstanden haben sollten wie unsere eigenen Träume? Wenn ihre ungeheuerliche Wirksamkeit durch Jahrtausende hindurch auf der Unmittelbarkeit des Verstehens auf einer Ebene beruhte, zu der der Verstand bisher keinen Zugang besaß? Wie, wenn hier absolutes Wissen vermittelt würde, genau wie in der Johannespassion, wie im Chor der Neunten Symphonie, wie im letzten Selbstbildnis Rembrandts? Und vielleicht ist die Tiefenpsychologie Brückenschlag aus der begrenzten Sphäre des Bewußtseins in diese unsere Urheimat hinein? Denn wir superschlauen Zauberlehrlinge des technischen Zeitalters, wir, die wir „draußen vor der Tür stehen" und den Schlüssel verloren haben, brauchen ja den, der uns wieder aufschließt, der einerseits unsere Sprache spricht, der aber die Verbindung zur schöpferischen Intuition nicht verloren oder an der Hand eines „Seelenführers" wiedergefunden hat.

„Fülle, Gesetz und Liebe werden wir dort finden", sagt Graf Dürckheim und infolgedessen gewiß auch die Möglichkeit des Gehorsams unter das Gesetz unserer Stunde, und das heißt: ethische Normen. Sicher wird eine große Zahl darunter allgemeinverbindlich sein, so wie es für unsere gesamte Art unumgänglich ist, daß der Säugling an der ihm zugehörigen Mutterbrust getragen wird. Andere werden weiter absteckbare Rahmen haben und viel Spielraum lassen für individuelle sittliche Entscheidungsfreiheit. Die Voraussetzung zu einer Neubildung von Inhalten in den Moralen wird aber in Zukunft mehr denn je die bewußte Anerkennung, das bewußte Beugen Adams in seine „schlechthinnige Abhängigkeit" hinein sein. Ohne diese seine Entscheidung wird es für ihn keine Zukunft mehr geben. Dazu hat er sich zu weit vorgewagt.

Zusammenfassend läßt sich in bezug auf den Schrei nach Normfreiheit sagen: Wir können die Tatsache, daß es Mißbrauch von Ordnung, von Gesetzen und Normen gibt, nicht dadurch beantworten, daß wir sie zugunsten einer gesetzlosen Freiheit abschaffen. Abgesehen davon, daß Freigelassenwerden von jedem äußeren Zwang Mündigkeit, und das heißt Einsicht in unserer aller Gebundenheit an biologische, physiologische, kosmische Ordnungen voraussetzt, bedeutet der zur Schrankenlosigkeit, zu permanenter Ungebundenheit verabsolutierte Freiheitsbegriff genau das Gegenteil von dem, was man zu erreichen strebt, nämlich Freiheit von Herrschaft. Er führt im Gegenteil in eine Anarchie, die die hemmunglose Tendenz zur Machtergreifung durch Gewalt heraufbeschwört. Denn sie bewirkt, daß jeder einzelne seinen Machtbereich skrupellos auf Kosten anderer auszudehnen trachtet. Hinter einem solchen anarchistischen Freiheitsbegriff verbirgt sich abermals ein verselbständigter, zu dämonenhafter Mächtigkeit aufgeblähter Antrieb: ein maßloser Egoismus, der seinen Aufgabenbereich – nämlich Selbsterhaltung zu gewährleisten – längst überschritten hat.

In der Gefahr, auf diesem Gebiet einer Vernebelung zu verfallen und damit zu Mitläufern zerstörerischer Intentionen, gewissermaßen zu „Dämonenfütterern" zu werden, sind alle jene, die in ihrem Leben (besonders in der Kindheit) entweder unter dem einen *oder* dem anderen Extrem gestanden haben: Sie waren entweder in ein zu starres Ordnungskorsett eingeschnürt, bei überbehütenden oder erotisierenden Eltern zu stark emotional gefesselt, oder ihrem Egoismus wurde bereits damals im Sinne einer „Vergottung des Kindes" zuviel Raum gegeben. Alle diese Situationen können ausgeglichene Reife partiell behindern und an den übersteigerten Wunsch nach schrankenloser Freiheit fixieren. In der Gefahr, von solchen unbewußten emotionalen Drängen gesteuert, zu Mitläufern zu werden, sind gefährlicherweise nicht wenige Journalisten. Menschen mit einem noch dranghaften Bedürfnis nach Ungebundenheit neigen nämlich, wenn sie von wendiger Intelligenz sind, besonders leicht dazu, in den Journalismus zu gehen. Deshalb braucht dieser Berufsstand besonders ein verantwortungsbewußtes Überprüfen der Motive seiner Meinungsbildung, denn er hat tatsächlich die größte Machtfülle, da die noch nicht zur kritischen Reflexion fähigen Bürger seinen geistigen Manipulationen wehrlos ausgeliefert sind. „Freiheitssüchtige" können unter dem Drang der eigenen Bedürftigkeit nicht mit hinreichendem Abstand übersehen, wie bedrohlich verabsolutierte Ungebundenheit der Individuen für die Überlebenschance eines Kollektivs und damit auch für die Freiheit des einzelnen nun einmal ist. Einsicht in diese Zusammenhänge und eine verantwortungsbewußte Selbstkritik und Steuerung solcher Impulse ist innerhalb des Journalismus also ganz besonders dringlich.

Eng verflochten mit der Parole der Normfreiheit ist die Forderung nach der Auflösung des Leistungszwanges. In der Tat: mit dem Leistungswillen des Menschen, vor allem der Kinder, ist in der Vergangenheit viel Schindluder getrieben worden. Es ist Mißbrauch geschehen in Form von unmenschlichen Berechtigungsscheinen, sprich Leistungsnachweisen, in Form von kalten, den Konkurrenzkampf aufputschenden Zensuren. Nach menschenwürdigen Ausleseverfahren zu suchen hätte eine dringende Aufgabe bereits der Reformbestrebungen der fünfziger Jahre in der Pädagogik sein müssen. Heute müssen wir uns aber vor allem darüber klar werden, daß es sich bei solchen Verbesserungsvorschlägen immer nur um eine Veränderung der Methoden und um Verhinderung von Mißbrauch handeln dürfte – niemals um die Abschaffung des Leistungswillens überhaupt. Es ist eine durch keine Wissenschaft begründete Vorstellung, daß der Mensch nur von seinen Fronherren zu Leistungswillen manipuliert wurde und daß er seinem eigentlichen Wesen nach passiv sei, einer, der, wenn ihn niemand daran hindere, nichts weiter vorhabe, als auf dem Bärenfell oder am Strand der Costa brava zu liegen. Das ist einfach nicht wahr!

Es läßt sich vielmehr das Gegenteil nachweisen: Jedes Kind, das durch seelisch-geistige oder körperliche Passivität auffällt, ist in irgendeiner Weise krank. Ja mit Hilfe der Antriebslehre läßt sich aufzeigen, daß gerade die Lust, die Lebensfreude des Menschen an Aktivitäten, an das Vollziehen von Handlungen, an vollbrachte Leistungen geknüpft ist. Und jeder Mensch kann den Selbstversuch machen, nur ein paar Tage bei guter Gesundheit untätig im Bett zu bleiben, um auf diese Weise zu der Erkenntnis zu gelangen, daß Inaktivität über längere Zeit den Menschen mißmutig, ja geradezu depressiv werden läßt.

Die Prämisse, sich dem Leistungszwang der Gesellschaft durch „süßes Nichtstun" zu widersetzen, könnte gar nicht zu einem von so vielen jungen Menschen begierig aufgenommenen Rezept werden, wenn es sich nicht häufig als Scheinmotivation nutzen ließe in jenen Fällen, in denen schon längst eine massive Antriebsschwäche vorliegt und die Möglichkeit zu Aktivität und damit zu durchhaltender Leistungsfähigkeit bereits über Jahre behindert.

Die Diffamierung des Leistungswillens, ja die Verhetzung zum Widerstand gegen Leistungsforderungen jeder Art ist aus diesem Grunde besonders gefährlich, denn es gibt heute bereits ein Heer von jungen Leuten, die an einer – von mir so benannten – „Aktivitätsatrophie" leiden. Das liegt daran, daß sie durch unbekömmliche Verwöhnungsvorgänge von der frühesten Kindheit an daran gehindert wurden, sich anzustrengen, so daß das Erlebnis der Freude an Aktivität nicht zur leistungsmotivierenden Erfahrung werden konnte. Wie diese Schädigungen zustande kommen, habe ich in allen meinen Büchern immer wieder beschrieben (s. „Verhaltensstörungen bei Kindern", Verlag Piper, 1971, „Manipulierte Maßlosigkeit", Verlag Herder 1971, im Kapitel über die Verwahrlosung). Die ideologische Verhetzung durch die Parole vom Leistungszwang hilft diesen Jugendlichen aber nicht, ihre Antriebsschwäche durch Üben und bessere Erfahrungen zu überwinden, sondern fixiert sie an diese gefährlichste aller seelischen Störungen. Das führt dann häufig dazu, daß sie das ohnehin nur mühsam durchgehaltene Ziel ganz aufgeben, um zu „gammeln" oder „die Revolution vorzubereiten", wobei sie nicht selten durch Mißbrauch von Rauschmitteln gänzlich verkommen.

Ein Mensch, der Jugendliche dazu auffordert, jedes persönliche Arbeitsziel einzustellen, weil er sich damit lediglich zu einem dummen, ausgenutzten Esel degradiere, ist entweder selbst in der eben beschriebenen Weise krank oder ein teuflischer Demagoge, denn er führt die, denen er zu helfen vorgibt, nicht in das vorgegaukelte Paradies, sondern in die Hölle des eigenen Überdrusses, der eigenen gelebten Sinnlosigkeit.

Gewiß kann Leistungsstreben entarten zu einer verabsolutierten Übertreibung, kann zu Ehrgeiz, Ruhmsucht und Machtgier überborden und auf diese Weise zu Fehlentwicklung und Mißbrauch werden – damit ist aber der Unwert des Leistungsstrebens nicht bewiesen. Im Gegenteil: wenn die vitale Antriebslust im Kindesalter entfaltet wird, hat der Mensch als Erwachsener die Chance, daß sie ihm als generalisierte Funktion zur Verfügung steht, um mit ihrer Hilfe zu schöpferischer Gestaltung und zur Verwirklichung seiner Begabungen vorzustoßen.

Der Leistungswille kann ebenso wie die Autorität, ebenso wie das Erhalten von Ordnung im Dienst eines überpersönlichen, aufbauenden Gestaltungs- und Bewahrungswillens stehen. Freilich, in dieser Weise letztlich uneigennützig Leistungen vollziehen zu können heißt auch, einen Widerstand zu überwinden dort, wo Aktivität zu mehr gebraucht wird als zu einer Befriedigung der vitalen Bedürfnisse. Dazu bedarf es eines Antriebs*überschusses*. Wo er unzureichend entwickelt ist und dann gar durch Demagogie aus der Not eine Tugend gemacht wird, wird Schöpfung grundsätzlich behindert. Ja, wo man die Mühsal des Anfangs zu neuem Tun überhaupt nicht auf sich nimmt, findet Auslieferung an das Chaos, findet Untergang statt. Was sich am individuellen Leben hier als eine sehr einfache Kausalkette aufzeigen läßt, ist in bezug auf die Existenz eines Sozialstaates ebenso relevant: Wo die Mehrzahl der Menschen im jungen Erwachsenenalter nicht arbeitet, ist auch die Existenz der Alten und der Kinder nicht mehr gesichert und der Bankrott gegeben. Es ist erstaunlich, daß vielen Jugendlichen unserer Wohlstandsgesellschaft diese schlichten Zusammenhänge nicht deutlich sind. Die entwaffnende Antwort auf solche Denkanstöße heißt nicht selten: „Das verstehe ich nicht – Geld ist doch immer da.“

Wo in dieser Weise – auch bei Kindern – Einsicht in die Notwendigkeit und Zweckmäßigkeit von Arbeit, ja in ihren sinnerfüllenden Wert (besonders dann, wenn der erst in der Ferne liegt) nicht mehr vorhanden ist, ist es sogar legitim, mit einem gewissen Anstoß das Schiff erst einmal flottzumachen. Auch der „Leistungszwang“ wäre nur dann total abschaffbar, wenn alle Menschen so mündig wären, daß sie in bewußter Verantwortung leistungswillig wären. Die Wahrscheinlichkeit ist sehr groß, daß niemals die Musikwerke Mozarts geschrieben worden wären, wenn es nicht einen Vater Leopold gegeben hätte, der die Begabung seines Sohnes erkannte und in zähem Fleiß mit ihm die zu solchen Leistungen befähigenden Voraussetzungen erwirkte.

Das soll nicht heißen, daß ich es für zweckmäßig halte, Kinder mit einer Druck- und Pfropfpädagogik zu traktieren. Es hat sich längst die Devise kluger und instinktsicherer Eltern wissenschaftlich bestätigt, daß diejenigen Kinder ihren Altersgenossen in bezug auf ihre geistige Leistungsfähigkeit überlegen sind, die eine eigenständige Leistungsmotivation entwickelt haben. Am meisten förderlich ist ein Erziehungsklima, in dem die Eltern selbst in ihrem eigenen Leben auf Leistung Wert legen, darin gute Vorbilder sind, sich für das Leben und die Leistungen ihrer Kinder – nicht erst für die in der Schule – interessieren und sie mit vertrauensvollem Wohlwollen darin bestätigen und abstützen. Ermutigen und Anerkennen sind pädagogisch wirksamere Erziehungsmittel als Fordern und Zwingen. Aber solange eine optimale Antriebsentfaltung in dieser Weise in den ersten Lebensjahren nicht zustande kommt, sind obligatorische Schulsysteme und Leistungskontrollen ein unerläßlicher Kompromiß. Ja, sie werden zunehmend unumgänglicher, je mehr durch unzureichende Antriebsentfaltung eine Antriebsatrophie bei einer immer größer werdenden Zahl von Kindern bereits vorhanden ist, bevor sie in die Schule kommen.

Unsere „antiautoritären“ Unterrichtsmethoden gehen von der Voraussetzung aus, Schulkinder mit einer gesund entfalteten Leistungsmotivation vor sich zu haben. Da diese aber von Jahrgang zu Jahrgang immer weiter zurückgeht, muß diese Methode insgesamt uneffektiv werden und das Leistungsniveau in unverantwortlicher Weise senken. Die fortschrittlichen Methoden sind dem regredierten, stagnierenden Schülerniveau nicht angemessen und nötigen zu Rückgriffen auf straffere pädagogische Methoden. Diese Entwicklung entzieht einer menschenwürdigen Reformpädagogik, wie den Kurssystementwürfen, bedauerlicherweise mehr und mehr den Boden. Sie ließe sich nur verwirklichen, wenn den Kindern eine gesunde Antriebsentfaltung und Leistungsmotivation mit Hilfe individueller Betreuung bereits in den ersten fünf Lebensjahren zuteil werden würde. Hier müßte der Ansatz dazu entwickelt werden, daß der Mensch bereit ist, mit Lust freiwillig seine Begabungen zu üben und im Erwachsenenalter mit diesen Pfunden zu wuchern. Da unser kollektiver seelisch-geistiger Entwicklungsstand zur Zeit regrediert, werden Bildungsformen und -reformen, die eine größere seelische Mündigkeit voraussetzen, zunehmend mehr unangemessen.

Besonders verheerende Auswirkungen auf das Orientierungsvermögen des Menschen hat unser Tanz um eines der großen Urtiere der Bibel: um Behemot, hat die Vergottung der Sexualität. Gewiß, in vergangenen Zeiten hat sich dieses Tier manchen Ring durch die Nase ziehen lassen müssen, ist der gesunde Antrieb Sexualität nicht selten in ängstlicher Prüderie eingesperrt und auszuhungern versucht worden, obgleich bereits im Buch Hiob der Mensch in der „Antwort Gottes aus dem Wetter“ wegen solcher unzureichender Manipulationen dieses gewaltigen Urviehs geradezu belächelt wird. Nein, wir wissen zumindest wieder seit Freud: die Macht dieser Naturkraft läßt sich nicht durch Verleugnung aus der Welt schaffen. Wie schon der heilige Antonius steht der Mensch dann in der Gefahr einer totalen Sexualisierung der Phantasie, ja schließlich des ganzen Menschen. Gewiß ist dies auch zu einem gewichtigen Teil die Ursache unserer Sexwelle; sie macht alle jene zu Mitläufern, die sich bereits mit einem riesigen Antriebsdruck gegen die verriegelten Zugänge drängelten und nun mit stolpernder Wucht die unversehens weit offenen Türen einrennen. Daß es dabei nicht ohne Beulen und zerschundene Nasen abgeht, könnte allenfalls noch in Kauf genommen werden; aber der von uns nach allen Regeln der Kunst gehätschelte Behemot, das Urvieh Sexualität, bläht sich zu gefährlicher Großmäuligkeit auf, von der – laut Bibel – der ganze Jordan, und das heißt: das Gesamt aller Lebenskraft verschlungen werden kann.

Ich will mit diesen Bildern sagen: die Übertreibungen im Umgang mit der Sexualität beginnen heute für den Menschen erneut und unversehens zu einer Gefahr für sein Glück, seine

Zufriedenheit und seine seelische Gesundheit zu werden. Auch auf diesem Feld wird die Erfahrung mit dem Mißbrauch von Zucht nicht zu einem gesunden Maß im Umgang mit ihr verwendet, sondern verabsolutierte *Zuchtlosigkeit* bedenkenlos zum Gegengift erkoren. Indem *jede* sexuelle Zucht als Methode zur „Repression" durch die Herrschenden erklärt und damit verleumderisch jeden Eigenwertes beraubt wird, ist der Weg zur Dämonisierung der Sexualität bereitet. Interessanterweise wird in der Praxis die Not, die durch eine Verabsolutierung ebenso entsteht wie durch ihre Verdrängung, in den letzten Jahren bereits deutlich sichtbar: Trotz aller Aufklärung nimmt die Sexualangst gerade unter den jungen Männern, die ihr „Recht auf Lust" unter Erprobung aller Regeln der Kunst nach Turnvater Kolle weidlich auskosteten, enorm zu. Viel schwerer auflösbare Potenzstörungen treten in Erscheinung, die Angst vor der irreparablen Schwächung der Zeugungskraft durch häufigen Geschlechtsverkehr, die „Tausend-Schuß-Theorie", belebt sich neu als kaum auflösbare Fehlvorstellung in der Phantasie vieler junger Männer und behindert die Potenz. Sexualisierte, „bepillte" Partnerinnen überfordern die Männer in ihren sexuellen Ansprüchen und beschwören Angst vor Bindung und körperlicher Nähe herauf; die kollektive Forderung, sich durch ein sexuell genußreiches Leben als up to date zu erweisen, macht die sensiblen, gegen Zwang allergischen Männer in einer sie sekundär ängstigenden Weise sexscheu. Mit Recht spricht Thomas, Berlin, von einer neuen Form der Seelenerkrankung: der Sexwellenneurose.

An solchen Alarmzeichen könnten wir lernen, den Emanzipierern nicht länger unser Ohr leihen zu dürfen, denn solche Symptome beweisen, daß es nötig ist, auch in bezug auf das Phänomen Sexualität maßvollen Brauch von Mißbrauch zu unterscheiden. Das bedeutet einzusehen, daß viele der alten „Sittenregeln" auch in dieser Hinsicht auf dem Boden der Zweckmäßigkeit entstanden sind. Sie sind nicht böse Repressionen, sondern gute Hilfen für den Menschen zu seelisch-geistiger Reife. Die Sexualität macht keine Ausnahme von der allgemeinen Regel, daß die Verabsolutierung eines einzelnen Antriebsbereiches den Menschen auf primitiven Stadien seiner Entwicklung festbannt. Das haben die Alten immer gewußt – es gibt keine Religion, die in den Wegweisungen zur Weisheit nicht sexuelle Zucht als unumgängliche Voraussetzung empfiehlt –, ein Rat auf dem Boden gefilterter Erfahrung durch Generationen hindurch. Solche in allen Hochkulturen existierenden Vorschriften allein als Machtmethoden religiöser Institutionen anzuprangern geht an dem Wahrheitsgehalt solcher Aussagen nicht nur vorbei, sondern vernebelt den Blick der Jungen für die alten Leuchttürme, macht sie auf diese Weise orientierungslos und schadet ihnen damit. Das soll nicht heißen, daß es für uns nötig wäre, die alte Feindschaft zwischen Trieb und Geist zu erneuern und zu ummauern. Sexualität ist im Erwachsenenalter eine großartige Möglichkeit, gewissermaßen im verleiblichten Gleichnis das Wunder der Ergänzung, die Erfüllung des Eins- und Ganzwerdens am und mit dem Partner zu erfahren, ein Erleben, das Vorbereitung sein kann, später auf vielen anderen neuen Ebenen zu Ergänzungen zu kommen, zur Ergänzung der eigenen Seelenteile in der zweiten Lebenshälfte oder gar in Kommunikationsmöglichkeiten mit Gott auf den Stufen höchster Reife. Es handelt sich auch hier vor allem darum, durch eine Integration der positiven Naturkräfte eine höhere Entfaltungsebene anzustreben. Das ist in bezug auf die Sexualität anscheinend besonders schwierig, da sie erst im Jugendalter, mit der sexuellen Reife allmählich voll funktionsfähig wird und vorher in der Kindheit komplizierte, undurchsichtige Reifeschritte durchlaufen werden müssen, um dieses Ziel zu erreichen. Kaum ein anderer Antriebsbereich ist in einer so die Lebenserfüllung beeinträchtigenden Weise verstörbar wie die Sexualität. Höchste Behutsamkeit auf diesem Sektor sollte deshalb oberstes Gebot sein – und dafür hatte man in früheren Zeiten, wie die Moralvorschriften und Gesetze beweisen, vermutlich unbewußt ein gutes Gespür. Jedenfalls sind die modernen Empfehlungen unserer Emanzipierer, die Kindlein fleißig in Sexualität einzuüben, damit sie später genug „Spaß“ daran hätten, so bar allen Gefühls für die Führung des Menschen zu einem glücklichen, sinnerfüllten Leben, daß man vor diesen Methoden gar nicht genug warnen kann (siehe „Zur Sexualität befreit – zur Abartigkeit verführt“ in meinem Buch „Manipulierte Maßlosigkeit“). Mit Recht wird in der BRD zum Beispiel die Pädophilie, die sexuelle Verführung von Kindern durch Erwachsene, unter Strafe gestellt, weil frühe Sexualisierung zur Sexualsucht, zur Sexualverdrängung oder gar zur Fixierung des kleinen Jungen an einen männlichen Partner und damit zur Homosexualität führen kann, wie Fälle in der Praxis immer wieder deutlich machen. Die Mütter müssen heute dringend davor gewarnt werden, aus lauter Fortschrittlichkeit eine erotisierende Nacktkultur mit ihren kleinen Söhnen zu pflegen, weil sie sonst sexualisiert und durch das dann automatisch verstärkt wirksam werdende Inzesttabu in eine generalisierte Abneigung gegen alle weibliche Leiblichkeit gedrängt werden. So zum Beispiel wird man pädophil! Indem nämlich im Erwachsenenalter die generalisierte Angst vor dem übermächtigen, erotisch sich aufdrängenden, dem fesselnden und damit gefährlichen Weib zwingt, nach den „harmlosen" Kleinen oder Gleichgeschlechtlichen Ausschau zu halten. Ja, es läßt sich heute die wohlbegründete Prognose stellen, daß unter diesem schon mit viel Bemühtheit von den Müttern gehandhabten kollektiven Trend die Homosexualität unter Männern weiter enorm ansteigen wird – in einem Maße, wie es durch plötzliche explosive Ausbreitung einer abartigen genetischen Mutation auf dem Sektor Homosexualität gar nicht erklärbar sein könnte.

An dieser Stelle fragen unsere Vernebler mit Unschuldsmiene: „Ja, aber warum denn auch nicht? Homosexualität ist eine interessante Spielart des sexuellen Verhaltens – nicht mehr, und jeder Mensch hat doch das Recht, sein Leben so einzurichten, wie er es möchte." Solche Meinungen wollen Sand in die Augen streuen in bezug auf die Tragödie jedes einzelnen Homosexuellen; denn der Weg zur Ergänzung ist auf diese Weise enorm erschwert, ja oft zeitlebens blockiert und damit die Gefahr von lähmender Verzagtheit und Depression gegeben, wenn sie auch mit noch so viel schauspielerischem Elan vor der Umwelt glänzend überspielt wird. Es ist eine Irrmeinung gutgläubiger Laien, zu hoffen, daß diese Schwierigkeiten durch eine Abschaffung des Verbots, durch eine gesellschaftliche Rehabilitierung ausmerzbar wären. Zwar sollten wir uns mit allen Mitteln dafür einsetzen, daß auch unseren homosexuellen Mitmenschen volle Achtung gezollt wird – anderes steht uns, die wir alle irgendwelche Seelenbeulen mit uns herumtragen, schon aus dieser Einsicht heraus gewiß nicht zu –, aber wir sollten diese Bestrebungen nach Menschlichkeit nicht in einen Topf werfen mit unserer pädagogischen Verantwortung, die uns gebietet, zu verhindern, daß unsere Kinder homosexuell werden! Wenn bereits die Tierverhaltensforscher, wie im Max-Planck-Institut Seewiesen geschehen, bewirken können, daß sich Stockerpel durch *unnatürliche* Eingriffe in ihre kindliche Lebenssituation im Erwachsenenalter dauerhaft fehlgeprägt an gleichgeschlechtliche Partner halten, so untermauert das nur die Forschungsergebnisse der Psychiatrie, denen zufolge nach wie vor kein Anlaß besteht, die Homosexualität *nicht* zu den Perversionen zu rechnen. So schreibt die amerikanische Jugendpsychiaterin A. Stevens 1970: „Der Schlüssel zur erfolgreichen Behandlung Homosexueller ist ihr Wunsch nach Heilung. Dazu gehört, daß der Homosexuelle seine Neigung als psychische Krankheit erkennt und begreift, von der er geheilt werden möchte."

Vernebelungen auf diesem Sektor wuchern vor allem auf dem Boden der Fehlvorstellung, daß es keine für die Art Mensch allgemeinverbindliche Entfaltungsbedingungen und Lebensziele gäbe. Man verweist in diesem Zusammenhang mit Hilfe der Völkerkunde auf die Fülle der Lebensformen, die Verschiedenheit der Moralen, wobei besonders primitive Naturvölker herangezogen werden, um zu Nacktkultur oder Kindergeschlechtsverkehr aufzurufen. Merkwürdigerweise werden solche Argumentationen kaum einmal mit der Frage verknüpft nach dem Werdegang einer solchen Gruppe, nach ihren geistigen oder kulturellen Gesamtniveau. Es wird nicht darüber nachgedacht, warum denn wohl *dieses* Volk oder *dieser* Stamm so primitiv, so armselig, so unzivilisiert blieb und ob es für unsere Jugendlichen irgendwie sinnvoll sein könnte, ethische Vorbilder in Kollektiven zu suchen, die über Jahrhunderte in einem primitiven Zustand verharren oder auf ihn zurückgefallen sind.

Erfahrungen im Bereich der Entwicklungspsychologie machen deutlich, daß eine verfrühte Sexualisierung der Kinder verhindert, daß dieser Naturtrieb in die Gesamtperson integriert und zu fruchtbarer Lebenssteigerung beiträgt, sondern an den nun wuchernden Trieb fixiert und sie entweder an ihn ausliefert oder in einen verzehrenden Kampf gegen ihn treibt. Neurose oder Sexualsucht sind die Folge und damit eben Entfaltungsbehinderung.

Interessanterweise existiert nun ein Phänomen im kindlichen Werdeprozeß, das anzeigt, daß es natürliche, beschützende

Barrieren gibt, die verhindern sollen, daß es zu einem zu frühen Verströmen an das Neuland Leben kommt. Und das ist das Schamgefühl. Seit Jahren behauptet man, daß das Schamgefühl der Kinder zwischen dem sechsten und vierzehnten Lebensjahr eine Folge anerzogener Prüderie und daß es Aufgabe der Eltern und Pädagogen sei, die Entstehung einer solchen sexualfeindlichen Haltung bei ihren Kindern zu verhindern. Unter diesem Motto werden heute bereits viele Kinder nach allen Regeln modischer Erziehungskunst diffamiert und verlacht, wenn sie ihre Genitalien nicht mehr den Blicken anderer, vor allem fremder Menschen aussetzen wollen. Dennoch zeigt die Erfahrung, daß diese neuen Verdrängungsversuche schwerer gelingen, als man es auch nur spurweise geahnt hätte. Selbst die Kinder in sich völlig frei gebärdenden Familien beginnen sich im Grundschulalter zu wehren, wenn sie sich etwa vor den Blikken Verwandter entkleiden oder von ihnen gebadet werden sollen, und zwar die kleinen Jungen meist sehr viel energischer als die Mädchen, aber auch sie beginnen spätestens jenseits der Zehnjährigkeit Nöte zu entwickeln, wenn sie mit den Klassenkameraden nackt duschen sollen – selbst dann, wenn sie im Grundschulunterricht nach allen Regeln der Kunst aufgeklärt worden sind und ihnen die Umgebung eine gesunde Bejahung des Geschlechtlichen behutsam nahegelegt hat. Daraus wird deutlich, daß das Schamgefühl ein vorgegebenes Regulativ ist, das im seelischen Entfaltungsprozeß des Menschen an der Stelle auftaucht, an der er sich als Ich, als abgetrennt von den ersten Bezugspersonen erlebt und sexuelle Sensationen und Veränderungen an seinen Genitalien halb bewußt oder bewußt zu registrieren beginnt. Hat das Kind dieses Entwicklungsstadium erreicht, so tritt automatisch das Schamgefühl in Funktion, bildet eine beschützende Hülle, unter der sich die noch zu stark verletzliche Liebesfähigkeit ungestört auf die Zeit ihrer Entfaltung vorbereiten kann.

Wer im Zuge des Kampfes gegen die Prüderie – gegen einen Mißbrauch von Zucht also – den Kindern das Schamgefühl austreibt, beschwört die Gefahr lebenslänglicher Stagnation ihrer seelischen Entfaltung herauf. Das Schamgefühl hat nämlich nicht nur eine vorübergehende Aufgabe im Leben des Menschen – im Erwachsenenalter, wenn das Bedürfnis, sich vor dem anderen zu verhüllen, in der Intimsphäre zwischen zwei sich Liebenden aufgegeben werden kann, mündet es ein in einen höchst wertvollen Teilbereich des Lebens: in den Respekt. Menschen, die im Sich-Schämen erfahren haben, daß man sich vor dem anderen als unvollkommen, als unzureichend erleben kann, sind im Status reifer Erwachsenheit leichter bereit, den anderen nicht bloßzustellen, ihn nicht mit bewußt beschämender Absicht zu kränken, sondern seine Schwächen liebevoll anzunehmen, zu übergehen, zu respektieren. Wer als Kind nicht hat erfahren dürfen, daß seinem Schamgefühl Respekt gezollt wurde, hat es als Erwachsener sehr viel schwerer, taktvollen Respekt im Umgang mit den Mitmenschen zu entwickeln. Er neigt zu Schamverletzungen. Er wird dann buchstäblich „unverschämt“. Eine Welt der Zukunft, in der jeder jeden nach Herzenslust diffamieren, kränken, entblößen darf, ist eine menschenunwürdige, lebensunwerte Welt, denn sie pervertiert den Menschen zum Schamverletzer. Es bedeutet für die Menschen keinen Fortschritt, wenn sie sich – per Scheinmotivation um der Wahrhaftigkeit willen – in der Fertigkeit einüben, sich gegenseitig die Achillesfersen zu treffen, wie es in vielen laienhaften Gruppentherapien heute bereits praktiziert wird. Fortschritt zur Selbsterkenntnis durch Aufdeckung unangenehmer unbewußter Schwächen gibt es nur, wenn der in dieser Weise traktierte Mensch vorher immer wieder erfahren hat, daß sein „Aufklärer“ ihn achtet, respektiert, ihn liebend angenommen hat. Ein in der Kindheit wohldosiertes, gepflegtes Schamgefühl bildet eine Voraussetzung dafür, im Erwachsenenalter seinen Mitmenschen respekt- und taktvoll zu begegnen. Ohne einen sorgsam ausgebildeten Respekt gibt es keine Mitmenschlichkeit, keine Liebe in der Welt, selbst nicht zwischen zwei Partnern, die miteinander in einer geschlechtlichen Beziehung stehen.

Zusammenfassend läßt sich zu diesem Thema sagen: Die Vergottung der Sexualität kommt einer Dämonisierung dieses Triebbereiches gleich, die die Lebenskraft des Menschen daran fixiert, sie absorbiert, höhere Entfaltungsebenen behindert, ja, wenn dieser Mißbrauch bereits in der Kindheit einsetzt, den Menschen in Perversionen und Neurosen treibt und die Differenzierung seines Schamgefühls zu Respekt und Taktgefühl hemmt.

In vielen weiteren Bereichen läßt sich das Wirken der „alten

Schlange“, des Geistes der Eigenmächtigkeit im Dienst des Zerstörungswillens, demaskieren. So arbeitet dieser Zeitgeist fleißig daran, unter der Devise „repressionsfreie Erziehung“ Kinder an die frühkindliche Stufe der Ichhaftigkeit zu fesseln und ihren Egoismus zu einer Hypertrophie der Ansprüche aufzublähen. Getarnt als menschenfreundlicher Feldzug zur „Aufklärung über Rechte“, wird ein nachdenklich-geduldiges Einfügen in überpersönliche Aufgaben und ihre Bejahung verhindert und an ihre Stelle ein infantiles Heischen nach Sofortbefriedigung der egoistischen Ansprüche gesetzt. Erziehung zur Geduld wird im Zuge dieses Trends keineswegs mehr als ein Wert angesehen. Da die technisierte Verwöhnung ein Üben der Kinder in Geduld, Ausdauer und Durchhaltefähigkeit in einem geradezu gigantischen Ausmaß behindert, kommt es zu einem Schwund dieser kulturfördernden Fähigkeit. An ihre Stelle tritt billige Unzufriedenheit, gefährliche Verweigerungssucht und die pathologische Haltung egozentrischer Riesenerwartungen. Die Diffamierung von Geduld und Anpassung bewirkt eine Stagnation auf der Stufe des Kleinkindes und hat zur Folge, daß sich die auf diese Weise in ihrer Entwicklung behinderten Menschen in zunehmendem Maße unglücklich fühlen. Denn der Mensch will mehr sein als ein Wesen mit einem natürlichen Selbsterhaltungstrieb, er ist nicht dadurch glücklich zu machen, daß man diesen Antrieb aufbläht und dämonisiert. Aber da er nicht weiß, *warum* er unglücklich ist, die „alte Schlange“ ihm aber mit weiteren Einflüsterungen über seine unzureichend erfüllten Rechte permanent Scheinbefriedigungen liefert, ist die Gefahr von Teufelskreisen gegeben.

Besonders raffiniert ist die Strategie, die Toleranz, die soziale Tugend der Duldsamkeit gegen Andersdenkende, als Mittel zur Zerstörung zu benutzen. Das Postulat, auch den Andersdenkenden als Mitmenschen zu achten, bekam im Zuge der Diffamierung hierarchischer Ordnungen einen zunehmend gewichtigeren Stellenwert. Aber es ist Mißbrauch der positiven Funktion Toleranz, wenn sie als eine ununterschiedene Billigung jeglicher Handlungen, jeglicher Meinungen, jeglicher Strömungen verstanden werden soll. Toleranz führt in einen lebensgefährlichen Pluralismus, wenn jeder „Minderheit“ unbesehen – eben nur weil sie eine Minderheit ist – aus einem ängstlichen Gerechtigkeitsdrang heraus ein gepolsterter Thronsessel im Chor der Meinungen angeboten wird. Kein Familienvater darf es sich erlauben, einen Pockenkranken zu Tisch zu bitten. Das verbietet ihm sein Verantwortungsgefühl. Er hat hingegen dafür zu sorgen, daß dem Infizierten fachgerechte Hilfe in einer Isolierstation zuteil wird. Ich will damit sagen: Toleranz muß – selbst bei engagierten Christen – dort ihre Grenze finden, wo zerstörerischer Geist Einlaß fordert. Er tut das heute eleganterweise mit der beleidigten Miene des „Unterprivilegierten“, weckt Schuldgefühle gerade bei denen, die christliche Nächstenliebe vertreten, und bringt sie zu einer Vernebelung ihres Unterscheidungsvermögens. Toleranz muß ihre Grenze dort haben, wo der Geist der verantwortungsbewußten Freiheit und konstruktiven, liebevollen Ordnung durch dämonisierte, kranke Antriebe angegriffen wird; sonst verwandelt sich Toleranz unversehens in Fahrlässigkeit, Feigheit oder Verrat. Wenn sich teuflischer Geist, mit der geraubten Waffe Toleranz verkleidet, daranmacht, die Beziehung zwischen Gott und Mensch und damit die Schöpfung an sich zu vernichten, ist Duldsamkeit unangebracht und die Verteidigung des höchsten Wertes unumgänglich notwendig. Weil gerade die Christen auf diesem Sektor schwere Fehler begehen, soll hier einmal darauf hingewiesen werden, daß es sich im Neuen Testament unmißverständlich nachlesen läßt, daß Christus bei aller Toleranz unnachgiebig scharf und bis in den Tod hinein kompromißlos blieb, wo es um die Treue zu Gott, zum Auftrag des Menschen, wo es um das Primat des göttlichen Geistes vor irdischer, materialisierter Eigenmächtigkeit ging. Der Tod Christi am Kreuz bedeutet ja nicht Erlösung durch Selbstauflösung, sondern ist Zeichen der Treue über den leiblichen Tod hinaus, weist auf die Notwendigkeit geistiger Entschiedenheit und ihre erlösende Wirkung hin.

Toleranz wird mißbraucht, wenn sie solche Entschiedenheit lähmt und die Notwendigkeit einer Stellungnahme mit dem Mantel des Pluralismus erstickt. Jeder Wert wird durch Verabsolutierung zu Unwert und Gefahr, mit der Toleranz geht es uns da nicht anders. Das Bedürfnis sich an den anderen zu binden, mit ihm solidarisch zu sein, muß dort seine Begrenzung finden, wo dieses Ja-Sagen zu geistiger Auflösung führt. Es gehört in den Verhaltensfundus eines mündigen Erwachsenen, die in der Kindheit ausgebildete Verteidigungsbereitschaft später in den Dienst geistiger Ordnung zu stellen, die die Erhaltung und Weiterentwicklung der Schöpfung fördern. Ohne den Mut zur Entschiedenheit, ohne die Bereitschaft, einen Standort zu beziehen und durchzuhalten, gefährden wir mit einer alles relativierenden Toleranz die Zukunft des lebendigen konstruktiven Geistes.

Diese Überlegungen machen von verschiedenen Bereichen her deutlich, daß es darauf ankommt, die uns verliehenen triebhaften und geistigen Kräfte zu einem *maßvollen* Pendelschlag zu verwenden. Verliert das Pendel der Lebenskraft des Menschen – auf welchem Sektor auch immer – den Bezug zum anderen Pol, zur Mitte, zu seinem Aufhänger, so geht es in uferlosem Fall verloren. Die dynamische Bewegung der Schöpfung zu erhalten heißt, sich unermüdlich, maßvoll und in Anerkennung unserer Gebundenheit dem Leben zu stellen. Denn es gilt, ein sich allmählich veränderndes Gleichgewicht immer neu zu finden und dadurch die Dominanz eines konstruktiven Geistes in zunehmender Bewußtheit zu steigern – auf das ferne Ziel hin, in dem alle Kräfte allein noch in positiven Funktionen verwirklicht werden, nämlich geistige Gestaltung zu tragen und zu fördern. Höher hinauf geht dieser Weg – gegen alle Gefahr des Rückfalls in das Urmeer formloser Materie. Aus ihm reckt sich die alte Urschlange in vergiftender Absicht und sinnt auf neue, listige Feldzüge so lange, bis es uns letztlich gelingt, sie als das Wesen der Entartung, als den Geist des Mißbrauchs und der verabsolutierten Eigenmächtigkeit zu entlarven, uns gegen ihre Einnistung in uns und unseren Kindern bewußt zur Wehr zu setzen und ihr damit in Treue zu Gott das Handwerk zu legen.

Herderbücherei

20 Jahre Taschenbuch-Verlag

Mit einer neuen Taschenbuchreihe eröffnet die Herderbücherei ihr Jubiläumsprogramm 1977: Ab April erscheint die „Fachserie Deutschunterricht“ für Lehrer aller Schulstufen. Ein ideologiefreier, kreativer Deutschunterricht und, damit verbunden, eine bessere Leseerziehung sind die Ziele dieses Sonderprogramms. Zusammen mit der „Fachserie Pädagogik“ bringt die Herderbücherei jetzt pro Jahr 20 neue Beiträge für die Schulpraxis heraus. Damit ist sie auf dem Sektor des pädagogischen Taschenbuchs Marktführer geworden.

Die unangefochtene Spitzenstellung im Bereich des religiösen Taschenbuchs konnte sie gleich im Startjahr 1957 besetzen. Romano Guardini, Karl Rahner und Reinhold Schneider zählten zu den Autoren der ersten Stunde. Der Anteil evangelischer Autoren trat in den Folgejahren immer stärker hervor. Im Jubiläumsprogramm 1977 sind z. B. Helmut Thielicke, Peter Meinhold und Frère Roger, der Prior von Taizé, mit Originalbeiträgen vertreten. Unter den 7 Millionen Herderbücherei-Lesern sind einer neuen Allensbach-Umfrage zufolge 37 % evangelischer Herkunft.

Führend ist die Herderbücherei nicht zuletzt auf dem Gebiet der psychologischen Literatur und der Lebenshilfe. Neben Christa Meves, von der die Herderbücherei bisher allein über 850000 Exemplare verlegte, bestimmen Psychotherapeuten wie Paul Tournier (Genf), Viktor E. Frankl (Wien), Joachim Bodamer (Winnenden) und Klaus Thomas (Berlin) das Profil des Angebotes. Gegen die verdeckte Inhumanität unserer Zeit richtet sich die Serie „menschlicher leben“. Sie findet wachsende Beachtung.

Frühzeitig hat man in Freiburg die Signale einer Tendenzwende erkannt und mit dem von Gerd-Klaus Kaltenbrunner herausgegebenen Zweimonats-Taschenbuch INITIATIVE eine geistespolitische Alternativposition entwickelt. „Die Zeit“ schrieb dazu in ihrer Messe-Nummer u. a.: „Den Illusionen reformpolitischer oder gar kulturrevolutionärer Emanzipations- und Demokratisierungsstrategien sollte eine klare, aber begründete und detailliert ausgewiesene ‚Absage' erteilt werden. Inzwischen hat die Herderbücherei unübersehbar dazu beigetragen der Überflutung des Buchmarktes mit linker Literatur Einhalt zu gebieten ... Umfassende Übersichten über weiterführende Literatur und eher sporadische ‚Dokumentationen' ergänzen jeweils die Aufsätze. Unter den Autoren finden sich neben den Wortführern des Neokonservatismus (wie Kaltenbrunner, Armin Mohler, Ernst Topitsch, Erik von Kuehnelt-Leddihn, Günter Zehm oder Klaus Hornung) auch renommierte Wissenschaftler vom rechten Flügel der SPD (Hermann Lübbe, Thomas Nipperdey, Heinz-Dieter Ortlieb, Gottfried Eisermann und Werner Becker), dazu eine respektable Reihe parteipolitisch oder weltanschaulich nicht fixierbarer Publizisten, Pädagogen, Systemforscher, Naturwissenschaftler usw. Dieses relativ breite Spektrum politischer Meinungen, theoretischer Ansätze und wissenschaftlicher Disziplinen versucht der Herausgeber in jedem Band zu umschreiben und nach Konvergenzen abzuleuchten. Kaltenbrunners Essays gehören zum Luzidesten dessen, was die Herderbücherei zu bieten hat. Sie formen die Reihe zu einer Publikationsfolge von prägnanter geistespolitischer Fasson."

Zur liberal-konservativen Gegenbewegung mag man auch die neuentwickelte „heitere Serie" rechnen; denn Humor ist gewiß nicht eine Tugend verbissener Fortschrittsideologen. Lernziel Gelassenheit könnte man über diese Programmsparte schreiben, die inzwischen auf mehr als 25 Titel angewachsen ist. Auch hier strebt die Freiburger Redaktion eine Spitzenposition auf dem deutschen Taschenbuchmarkt an.

20 Jahre Herderbücherei – das ist auch vom Markt her gesehen ein bemerkenswertes Datum. 16 Millionen Taschenbücher konnten seit 1957 verbreitet werden. Die Bundesbahn müßte 186 Güterwagen anspannen, wenn sie diesen Pocketbook-Berg abtransportieren sollte. 16 Millionen mal haben sich Leser unter einem breiten Angebot von Taschenbüchern für einen Herderbüchereiband entschieden. Taschenbücher stehen täglich zur Wahl – eine Herausforderung an die Redaktion, im Wettbewerb um die Gunst der Leser immer etwas Besonderes zu leisten.

Christa Meves

Verhaltensstörungen bei Kindern

SP 20 · 150 Seiten, 6. Aufl.

Christa Meves, durch zahlreiche Veröffentlichungen bekanntgewordene Psychagogin, weist in ihrem Buch nach, in welch starkem Maße die seelische Entfaltung des Menschen von biologischen Grundbedingungen abhängig ist. Psychagogische Erfahrungen lehren, daß das Triebgeschehen in den ersten Lebensjahren nicht willkürlich gestört werden darf, wenn es nicht zu einer Desorientierung des psychischen Gesamtgefüges kommen soll.

„Das Buch enthält eine Fülle von Beobachtungen und Hilfen zum Verstehen für jeden, der mit Kindern umgeht."
FRANKFURTER ALLGEMEINE

„Ein lebendig und undoktrinär geschriebenes Buch, das Ihnen die Diskussion mit Ihren heranwachsenden Kindern über die zentralen Probleme unseres Lebens erleichtern oder, falls Ihnen das lieber ist, abnehmen kann.
WESTDEUTSCHER RUNDFUNK

Piper

Ein Buch für Eltern und Erzieher
und solche, die es werden wollen

Christa Meves
Erziehen lernen

aus tiefenpsychologischer Sicht

192 Seiten, 26 einfarbige Abbildungen,
4 graphische Darstellungen,
14 mehrfarbige Kinderzeichnungen,
vierfarbige Ausschlagtafel
kartoniert, 6. Aufl.
ISBN 3-7627-7029-8

Auf die Frage „wie und zu welchem Ziel sollen Sie dereinst Ihre Kinder erziehen", antwortet dieses Werk mit sehr konkreten, handfesten und durchdachten Vorschlägen. Das Buch soll die Einsicht vermitteln: Erziehen ist eine schöne, ungemein wichtige und verantwortungsschwere Aufgabe. Von der Erziehung in den ersten Lebensjahren über die einzelnen Entwicklungsphasen des Kindes bis zur Pubertät gibt die Autorin brauchbare Anregungen zur Bewältigung der bei jedem Kind auftretenden Konfliktsituationen.

bsv Bayerischer Schulbuch-Verlag
8 München 19